noções elementares da atividade notarial e registral

DIALÓGICA

EDITORA intersaberes

O selo DIALÓGICA da Editora InterSaberes faz referência às publicações que privilegiam uma linguagem na qual o autor dialoga com o leitor por meio de recursos textuais e visuais, o que torna o conteúdo muito mais dinâmico. São livros que criam um ambiente de interação com o leitor – seu universo cultural, social e de elaboração de conhecimentos –, possibilitando um real processo de interlocução para que a comunicação se efetive.

noções elementares da atividade notarial e registral

Cid Rocha Júnior
Antoine Youssef Kamel

EDITORA intersaberes

Rua Clara Vendramin, 58
Mossunguê . CEP 81200-170
Curitiba . PR . Brasil
Fone: (41) 2106-4170
www.intersaberes.com
editora@editoraintersaberes.com.br

Editor-chefe
Lindsay Azambuja

Editor-assistente
Ariadne Nunes Wenger

Projeto gráfico
Raphael Bernadelli

Capa
Luana Machado Amaro (*design*)

Diagramação
Cassiano Darela

Dados Internacionais de Catalogação na Publicação (CIP)
(Câmara Brasileira do Livro, SP, Brasil)

Rocha Júnior, Cid
Noções elementares da atividade notarial e registral/
Cid Rocha Júnior, Antoine Youssef Kamel. Curitiba:
InterSaberes, 2017.

Bibliografia.
ISBN 978-85-5972-440-0

1. Direito notarial – Brasil 2. Notários – Leis e legislação – Brasil 3. Registros públicos – Leis e legislação – Brasil I. Kamel, Antoine Youssef. II. Título.

17-05316 CDU-347.961(81)(094)

Índices para catálogo sistemático:
1. Brasil: Leis: Notários e registradores:
Direito processual civil 347.961(81)(094)

ABDR — EDITORA AFILIADA

1ª edição, 2017.

Foi feito o depósito legal.

sumário

apresentação

Ao ser escrito, este livro teve como fim atender aos programas de curso superior para formação na área de **notários** e **registradores** de modo claro e objetivo. Mais do que isso, ao trazer referência às leis próprias desses profissionais, cotejando-as com as demais normas do ordenamento jurídico e com a Constituição, a obra há de servir como fonte de consulta para diversas situações nela tratadas.

Com vistas à sua compreensão por pessoas de fora da área do direito, a presente publicação traz noções e conceitos fundamentais que explicam a atividade e sua organização. Por tratar de serviços públicos, seu principal embasamento é a **lei**, de modo que ela jamais é esquecida, e, sim, apresentada de forma mais estruturada e simples do que seria a mera leitura da legislação.

Esta obra é fruto da experiência profissional de um dos autores, com mais de 45 anos de atuação na área, enriquecida com pesquisas de diversas fontes combinadas à reflexão. O principal fundamento, como já mencionado, é a **legislação**: notários e registradores não podem fazer algo que a lei não autoriza, uma vez que prestam um serviço público. Também não foi olvidada a jurisprudência: quando conveniente para esclarecimento de determinados assuntos, foi trazido o entendimento dos tribunais superiores (Supremo Tribunal Federal – STF e Supremo Tribunal de Justiça – STJ) sobre questões pontuais.

Este livro trata, em primeiro plano, dos **tabelionatos** e **ofícios de registro**, que compõem os serviços extrajudiciais. Não obstante, pontualmente, são também trazidas à baila as secretarias judiciais e as escrivanias, que compõem os serviços judiciais quando essa abordagem é necessária – por exemplo, quando se fala das custas e emolumentos e da gratuidade.

A estrutura do livro é dividida em seis capítulos. No primeiro deles, traçamos um panorama histórico dos serviços extrajudiciais, desde a Suméria até os dias de hoje, passando pela Grécia e pelo direito romano. São conhecimentos gerais que vão ajudá-lo a compreender o desenvolvimento desses serviços e como eles foram percebidos ao longo da história.

No segundo capítulo, adentramos na temática das serventias no Brasil, tratando dos tabelionatos e dos ofícios de registro em seus aspectos gerais. São definidos seus conceitos, a nomenclatura própria dos agentes delegados e das serventias, a forma de delegação, a fé pública, a competência e a contratação de funcionários.

Com o conhecimento obtido na segunda unidade desta obra, sobre os temas gerais das serventias, nosso principal enfoque no capítulo três é apresentar custas e emolumentos e a diferença entre eles, além de mostrar como são remunerados os serviços. Já no quarto capítulo estudamos os notários e registradores, em especial os princípios sobre os quais agem, e analisamos os dispositivos legais que disciplinam seus atos, seus deveres e a responsabilidade gerencial e funcional.

Nos capítulos cinco e seis tratamos do estudo das serventias. Neles, explicamos as atribuições de cada uma, bem como o trabalho envolvido nelas. No capítulo cinco analisamos os ofícios de registro e no capítulo seis tratamos sobre os tabelionatos.

Muitos temas que dizem respeito aos serviços extrajudiciais são, em primeiro lugar, oriundos de acordos de vontade na esfera civil ou empresarial ou então de fatos da vida – como a morte e os contratos – que cabem também no direito civil ou no direito imobiliário. Quando isso acontece, devemos cuidar para não gastarmos muito tempo em outras áreas e compartilhar o conhecimento essencial, trazendo-o diretamente para o direito de notários e registradores, com o objetivo de que seja conhecido e para que possa ser aplicado na esfera de quem se conecta à área de alguma maneira.

Ademais, a obra não tem a pretensão de esgotar o assunto, que é vastíssimo e muito rico, mas, sim, fazer uma abordagem sistemática de alguns temas fundamentais para conhecimento de notários, registradores e seus valorosos auxiliares.

Os autores.

como aproveitar ao máximo este livro

Este livro traz alguns recursos que visam enriquecer o seu aprendizado, facilitar a compreensão dos conteúdos e tornar a leitura mais dinâmica. São ferramentas projetadas de acordo com a natureza dos temas que vamos examinar. Veja a seguir como esses recursos se encontram distribuídos no projeto gráfico da obra.

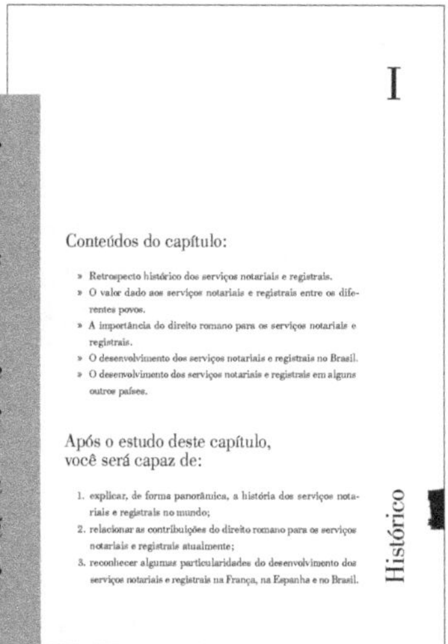
I

Conteúdos do capítulo:

» Retrospecto histórico dos serviços notariais e registrais.
» O valor dado aos serviços notariais e registrais entre os diferentes povos.
» A importância do direito romano para os serviços notariais e registrais.
» O desenvolvimento dos serviços notariais e registrais no Brasil.
» O desenvolvimento dos serviços notariais e registrais em alguns outros países.

Após o estudo deste capítulo, você será capaz de:

1. explicar, de forma panorâmica, a história dos serviços notariais e registrais no mundo;
2. relacionar as contribuições do direito romano para os serviços notariais e registrais atualmente;
3. reconhecer algumas particularidades do desenvolvimento dos serviços notariais e registrais na França, na Espanha e no Brasil.

Histórico

Conteúdos do capítulo:

Logo na abertura do capítulo, você fica conhecendo os conteúdos que serão nele abordados.

Após o estudo deste capítulo, você será capaz de:

Você também é informado a respeito das competências que irá desenvolver e dos conhecimentos que irá adquirir com o estudo do capítulo.

Aos que realizam esses serviços, de modo geral, dá-se o nome ***escreventes***, que trabalham em serventias. Os escreventes podem participar dos serviços extrajudiciais (escreventes, ou mesmo serventuários extrajudiciais) ou da estrutura do Poder Judiciário, como serventuários judiciais. Os titulares dos serviços extrajudiciais são os notários, tabeliães, oficiais de registro, registradores ou, popularmente, os chamados *cartorários*. Os serviços de notariado e de registro são chamados, em alguns estados, de *foro extrajudicial* (Paraná, 2015).

Os estabelecimentos que praticam os serviços extrajudiciais são os ofícios e os tabelionatos. Ambos podem ser chamados, também, de *serventias* – por exemplo, os tabelionatos de notas podem ser denominados *serventias de notas*. O Código Civil – Lei n. 10.406, de 10 de janeiro de 2002 (Brasil, 2002) –, nomeia os locais de serviços extrajudiciais de *cartórios* (por exemplo, no seu art. 1.227).

Perguntas e respostas

Como são chamadas as pessoas responsáveis pelos serviços extrajudiciais? Quem são as pessoas que trabalham nos tabelionatos e ofícios de registro?

Resposta: Aos responsáveis por tais locais de registro, seus titulares, a lei alcunha de *notário* ou *tabelião*, *oficial de registro* ou *registrador*. "*Notário*, ou *tabelião*, e *oficial de registro*, ou *registrador*, são profissionais do direito, dotados de fé pública, a quem é delegado o exercício da atividade notarial e de registro" (Brasil, 2004, grifo do original).

Portanto, sob a denominação legal, o que se conhece como *cartório de notas* é o tabelionato de notas, no qual é titular o tabelião ou notário. O titular pode ter auxiliares, chamados de *prepostos*.

Tabelionatos e ofícios de registro: temas gerais

87

Perguntas & respostas

Nesta seção, o autor responde a dúvidas frequentes relacionadas aos conteúdos do capítulo.

Na mesma linha, o art. 27 estabelece a proibição da prática de atos em razão do parentesco: "No serviço de que é titular, o notário e o registrador não poderão praticar, pessoalmente, qualquer ato de seu interesse, ou de interesse de seu cônjuge ou de parentes, na linha reta, ou na colateral, consanguíneos ou afins, até o terceiro grau" (Brasil, 1994).

Concluímos, assim, o estudo de alguns dos deveres dos agentes delegados. Notamos que muitos deles são desdobramentos de um senso de ética e de moralidade e não representam um ônus excepcional. Por exemplo, ainda que não previstos especificamente no dispositivo transcrito anteriormente, poderíamos deduzir que o notário deve "observar os emolumentos fixados para a prática dos atos do seu ofício" e "guardar sigilo sobre a documentação e os assuntos de natureza reservada de que tenham conhecimento em razão do exercício de sua profissão" (Brasil, 1994).

Por outro lado, há outras leis que devem ser conhecidas e observadas, mesmo aquelas que não dizem respeito especificamente às serventias. Por exemplo, citamos o Estatuto do Idoso (Lei n. 10.741/2003) e o Estatuto da Pessoa com Deficiência (Lei 13.146/2015), que trazem deveres de atendimento e acessibilidade, buscando a excelência na prestação dos serviços.

Síntese

Estudamos aspectos atinentes aos notários e registradores, principalmente alguns dos seus princípios e deveres. Em particular, no caso dos registros públicos de pessoas naturais, a lei exige que o serviço funcione todos os dias, sem exceção – incluindo sábados, domingos e feriados, pela sua essencialidade.

Destacamos ainda que são gratuitos alguns atos de registro público de pessoas naturais: o registro civil de nascimento, o assento

Noções elementares da atividade notarial e registral

184

Síntese

Você dispõe, ao final do capítulo, de uma síntese que traz os principais conceitos nele abordados.

Questões para revisão

Com essas atividades, você tem a possibilidade de rever os principais conceitos analisados. Ao final do livro, os autores disponibilizam as respostas às questões, a fim de que você possa verificar como está sua aprendizagem.

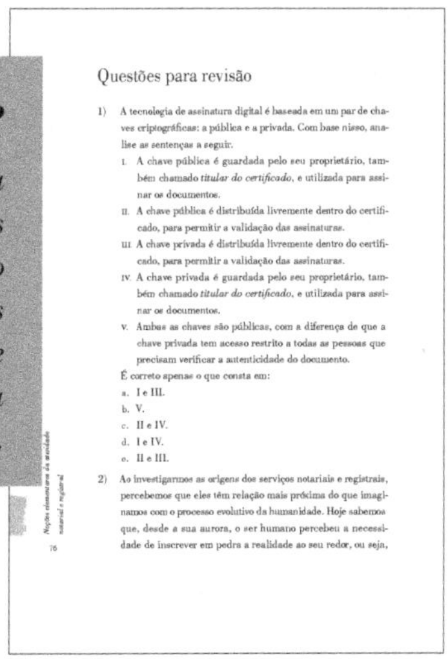

Questões para revisão

1) A tecnologia de assinatura digital é baseada em um par de chaves criptográficas: a pública e a privada. Com base nisso, analise as sentenças a seguir.
   I. A chave pública é guardada pelo seu proprietário, também chamado *titular do certificado*, e utilizada para assinar os documentos.
   II. A chave pública é distribuída livremente dentro do certificado, para permitir a validação das assinaturas.
   III. A chave privada é distribuída livremente dentro do certificado, para permitir a validação das assinaturas.
   IV. A chave privada é guardada pelo seu proprietário, também chamado *titular do certificado*, e utilizada para assinar os documentos.
   V. Ambas as chaves são públicas, com a diferença de que a chave privada tem acesso restrito a todas as pessoas que precisam verificar a autenticidade do documento.

   É correto apenas o que consta em:
   a. I e III.
   b. V.
   c. II e IV.
   d. I e IV.
   e. II e III.
2) Ao investigarmos as origens dos serviços notariais e registrais, percebemos que eles têm relação mais próxima do que imaginamos com o processo evolutivo da humanidade. Hoje sabemos que, desde a sua aurora, o ser humano percebeu a necessidade de inscrever em pedra a realidade ao seu redor, ou seja,

Noções elementares da atividade notarial e registral

76

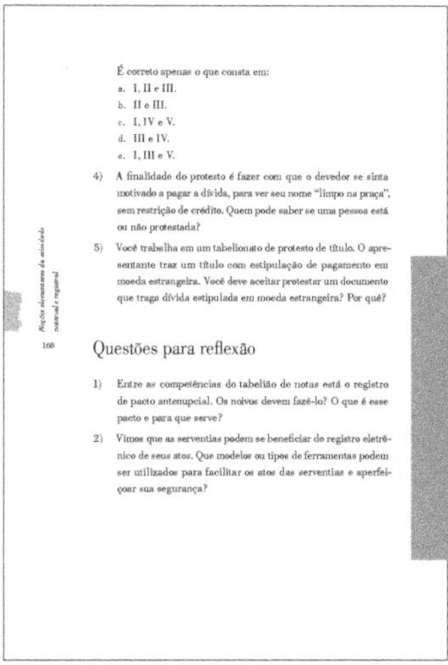
É correto apenas o que consta em:
a. I, II e III.
b. II e III.
c. I, IV e V.
d. III e IV.
e. I, III e V.

4) A finalidade do protesto é fazer com que o devedor se sinta motivado a pagar a dívida, para ver seu nome "limpo na praça", sem restrição de crédito. Quem pode saber se uma pessoa está ou não protestada?
5) Você trabalha em um tabelionato de protesto de título. O apresentante traz um título com estipulação de pagamento em moeda estrangeira. Você deve aceitar protestar um documento que traga dívida estipulada em moeda estrangeira? Por quê?

Noções elementares da atividade notarial e registral

168

Questões para reflexão

1) Entre as competências do tabelião de notas está o registro de pacto antenupcial. Os noivos devem fazê-lo? O que é esse pacto e para que serve?
2) Vimos que as serventias podem se beneficiar do registro eletrônico de seus atos. Que modelos ou tipos de ferramentas podem ser utilizados para facilitar os atos das serventias e aperfeiçoar sua segurança?

Questões para reflexão

Nesta seção, a proposta é levá-lo a refletir criticamente sobre alguns assuntos e trocar ideias e experiências com seus pares.

Para saber mais

Você pode consultar as obras indicadas nesta seção para aprofundar sua aprendizagem.

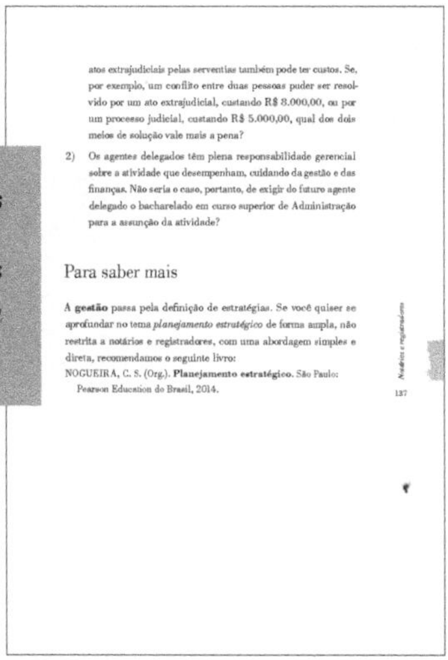
atos extrajudiciais pelas serventias também pode ter custos. Se, por exemplo, um conflito entre duas pessoas puder ser resolvido por um ato extrajudicial, custando R$ 8.000,00, ou por um processo judicial, custando R$ 5.000,00, qual dos dois meios de solução vale mais a pena?

2) Os agentes delegados têm plena responsabilidade gerencial sobre a atividade que desempenham, cuidando da gestão e das finanças. Não seria o caso, portanto, de exigir do futuro agente delegado o bacharelado em curso superior de Administração para a assunção da atividade?

Para saber mais

A **gestão** passa pela definição de estratégias. Se você quiser se aprofundar no tema *planejamento estratégico* de forma ampla, não restrita a notários e registradores, com uma abordagem simples e direta, recomendamos o seguinte livro:

NOGUEIRA, C. S. (Org.). **Planejamento estratégico.** São Paulo: Pearson Education do Brasil, 2014.

Notários e registradores

137

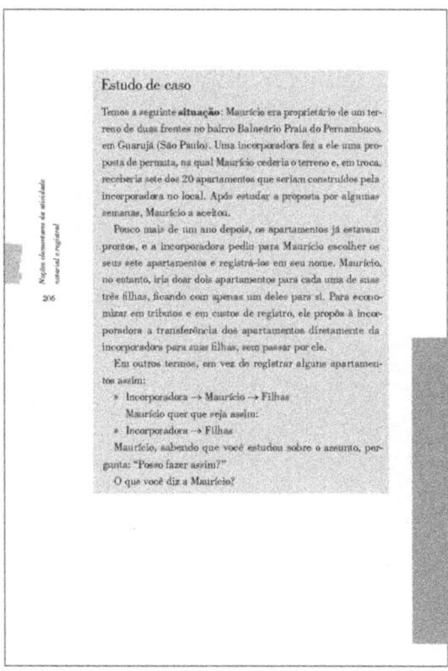
Noções elementares da atividade notarial e registral

206

Estudo de caso

Temos a seguinte **situação**: Maurício era proprietário de um terreno de duas frentes no bairro Balneário Praia do Pernambuco, em Guarujá (São Paulo). Uma incorporadora fez a ele uma proposta de permuta, na qual Maurício cederia o terreno e, em troca, receberia sete dos 20 apartamentos que seriam construídos pela incorporadora no local. Após estudar a proposta por algumas semanas, Maurício a aceitou.

Pouco mais de um ano depois, os apartamentos já estavam prontos, e a incorporadora pediu para Maurício escolher os seus sete apartamentos e registrá-los em seu nome. Maurício, no entanto, iria doar dois apartamentos para cada uma de suas três filhas, ficando com apenas um deles para si. Para economizar em tributos e em custos de registro, ele propôs à incorporadora a transferência dos apartamentos diretamente da incorporadora para suas filhas, sem passar por ele.

Em outros termos, em vez de registrar alguns apartamentos assim:

» Incorporadora → Maurício → Filhas

Maurício quer que seja assim:

» Incorporadora → Filhas

Maurício, sabendo que você estudou sobre o assunto, pergunta: "Posso fazer assim?"

O que você diz a Maurício?

Estudo de caso

Esta seção traz ao seu conhecimento situações que vão aproximar os conteúdos estudados de sua prática profissional.

introdução

A evolução do **notariado** e dos **registros públicos** no Brasil, especialmente em termos acadêmicos, esteve represada por longos períodos. Em que pese muitos desbravadores, colegas dedicados aos estudos e ao desvelo profissional, a carência de obras específicas era indiscutível.

A boa notícia é que essa barreira, pouco a pouco, está sendo superada. O divisor de águas entre o atraso e a modernidade foi, sem dúvida, a Constituição Federal de 1988, com o art. 236, posteriormente regulamentado pela Lei n. 8.935, de 18 de novembro de 1994 (Brasil, 1994). Justiça seja feita aos esforços legislativos promotores de leis progressistas, antecessoras da Constituição e que geraram leis ainda em vigência, como a Lei de Registros Públicos – Lei n. 6.015, de 31 de dezembro de 1973 (Brasil, 1973).

Ao contrário do que se costuma falsamente propagar, os serviços notariais e registrais do Brasil estão longe de ser apenas uma herança de nossa colonização portuguesa. Descendem, na verdade, da gênese da civilização humana em sua vocação pela **mediação dos direitos das pessoas** ao caminho da paz social. Assim, ao mesmo tempo em que este livro constrói a formação em direito notarial e registral, também colabora para a desconstrução de resistentes preconceitos que têm sido atribuídos a uma atividade tão importante para o bom funcionamento de nossa sociedade civil organizada.

Os serviços notariais e registrais são um instrumento da democracia a serviço da paz social e jurídica. Carregamos a responsabilidade de preservarmos o passado, registrarmos o presente e, com isso, provermos o futuro do Brasil.

Cid Rocha Júnior

I

Histórico

Conteúdos do capítulo:

- » Retrospecto histórico dos serviços notariais e registrais.
- » O valor dado aos serviços notariais e registrais entre os diferentes povos.
- » A importância do direito romano para os serviços notariais e registrais.
- » O desenvolvimento dos serviços notariais e registrais no Brasil.
- » O desenvolvimento dos serviços notariais e registrais em alguns outros países.

Após o estudo deste capítulo, você será capaz de:

1. explicar, de forma panorâmica, a história dos serviços notariais e registrais no mundo;
2. relacionar as contribuições do direito romano para os serviços notariais e registrais atualmente;
3. reconhecer algumas particularidades do desenvolvimento dos serviços notariais e registrais na França, na Espanha e no Brasil.

Para iniciarmos, vamos tratar, de forma panorâmica, da **história** dos serviços notariais e registrais. Os **serviços extrajudiciais** – conhecidos há muito tempo, popularmente, por *cartórios* – existem pelo menos desde os sumérios, um povo que data do século V a.C. E não é por acaso que existem ainda hoje.

Após passar pela história desde a Suméria, entenderemos que os cartórios não são um mero acessório da sociedade, mas parte constitutiva da civilização. Uma vez que a sociedade, na condição de conjunto organizado de pessoas com determinado fim, busca garantir o bem-estar comum, os cartórios exercem um importante papel em evitar e resolver conflitos, pelo registro dotado de fé pública.

1.1 Breve história dos serviços notariais e registrais

Você certamente já deve ter ouvido falar daquela velha história que percorre o país quando falamos dos **serviços notariais e registrais**; nela, diz-se que os cartórios seriam, basicamente, uma esquecida herança de nossa colonização portuguesa.

É importante partirmos desse pressuposto para desconstruirmos mitos e inverdades que, cultivados ao longo de centenas de anos, acabam ganhando falsos ares de verdade ao se distanciarem de uma raiz semeada de forma bastante diferente – e, vale dizer, muito valorosa. Os serviços notariais e registrais, na verdade, **descendem da gênese da civilização humana** em sua vocação pela mediação dos direitos das pessoas pelo caminho da paz social.

O filósofo Norberto Bobbio deixou-nos o legado de que a paz é o pressuposto necessário para a proteção efetiva de nossos direitos em cada Estado e no próprio sistema internacional. Seria uma utopia pensarmos na realidade de acordos que não envolvam litígios ou antes que eles aconteçam? Cremos que não. Para isso, basta que desconstruamos os preconceitos que permeiam esses serviços e passemos a lhes resguardar o valor do qual são realmente merecedores, especialmente no Brasil, onde ainda impera uma visão bastante atrasada acerca de suas funções.

Em sentido contrário, uma visão moderna do direito deve basear-se na noção de que o sistema jurídico precisa se ancorar em instituições que possam prevenir e resolver conflitos. E quem melhor para exercer esse papel acautelatório senão os serviços notariais e registrais? Precisamos resgatar a consciência social que permeia a nossa atividade, na medida em que tais serviços colaboram com a sociedade ao assegurarem os seus mais relevantes direitos. Com a fé pública, somos capazes de mediar conflitos, protegendo de forma igualitária as pessoas. E, como veremos ao longo das páginas que seguem, essa é uma característica marcante desde os nossos primórdios.

> *O filósofo Norberto Bobbio deixou-nos o legado de que a paz é o pressuposto necessário para a proteção efetiva de nossos direitos em cada Estado e no próprio sistema internacional.*

Presente atualmente em 86 países, o serviço de notariado do tipo latino, adotado no Brasil – e que será logo adiante tratado –, é a forma mais disseminada no mundo, atingindo cerca de 3 bilhões de pessoas; ou, em uma comparação prática, abrange mais de 40% da população mundial, considerando recente prospecto da Organização das Nações Unidas (ONU), que aponta 7,3 bilhões de seres humanos convivendo atualmente no planeta (United Nations, 2017).

A força desse modelo está ancorada pela União Internacional do Notariado Latino (UINL), organização não governamental (ONG) que representa o notariado latino em todo o mundo e presta serviços consultivos para as mais importantes instituições do globo. Até mesmo países asiáticos, como o Japão e a China, que não pertencem à tradição jurídica latina, adotaram esse modelo notarial, do qual decorreram também os **serviços registrais**. Ocorre, porém, que muito antes de falarmos neste ou naquele sistema, os serviços de notas e registros encontram correlação com o nosso próprio processo evolutivo-civilizatório, uma vez que a necessidade de registros e classificações foi o que tornou possível o acúmulo de conhecimento pelo qual atingimos o grau de desenvolvimento atual. Para o jurista, registrador de imóveis e professor brasileiro Leonardo Brandelli – uma das maiores referências em nossa área –, essa é uma saga que "confunde-se com a história do direito e da própria sociedade, residindo aí sua beleza e importância" (Brandelli, 2009, p. 3).

Os serviços de notas e registros encontram correlação com o nosso próprio processo evolutivo-civilizatório, pois a necessidade de registros e classificações foi o que tornou possível o acúmulo de conhecimento pelo qual atingimos o grau atual de desenvolvimento.

Por isso, para começarmos esta introdução à teoria do direito notarial e registral, precisamos realizar uma longa viagem de retorno à Pré-História: é nesse período que estão situados os eventos do surgimento das primeiras civilizações, do início do processo de sedentarização do ser humano e, principalmente, dos anais da expressão gráfica de nosso pensamento, a escrita, ou a primeira das tecnologias da inteligência. Essa viagem se faz necessária porque, quando falamos em *história*, o retorno é sempre importante para que possamos considerar a origem dos acontecimentos e de dados. É com base neles que será fundamentada uma importante reflexão dessa memória do passado, assim como uma reflexão sobre como esse processo desenvolveu-se gradativamente ao longo de sua evolução.

Reconstituir, pois, a história dos serviços notariais e registrais é, inicialmente e necessariamente, revisarmos também a **história da escrita**, de forma que a atividade está intrinsecamente ligada ao desenvolvimento de uma nova relação entre pessoas. Muito antes da existência de Montesquieu e antes que sequer fosse imaginado o conceito de Estado de Direito, do qual se resguardam os direitos dos indivíduos na Modernidade, já se fazia necessária a materialidade de ferramentas que pudessem mediar essas inter-relações e evitar, assim, a geração de conflitos. Isto é: **a mediação pela paz**. Essa primeira ferramenta, como veremos detalhadamente a seguir, não poderia ser outra senão a expressão gráfica de nossa linguagem.

A língua falada e escrita é um sistema de signos em lenta e contínua modificação, sendo que a linguagem jurídica está inserida nesse contexto, embora de forma mais rigorosa do que a linguagem coloquial, não estando, contudo, imune às transformações históricas, políticas e sociais que ocorrem ao redor do ambiente em que nos situamos (Pastura, 2010). É por meio da escrita que o ser humano percebeu a possibilidade de registrar e organizar as próprias ideias de forma cada vez mais contundente, o que, até então, não transpassava a barreira do mundo imaginativo ou, no máximo, das gravuras rupestres.

Para o pesquisador Charles Higounet (2003) a escrita é uma nova linguagem, muda, certamente, mas capaz de disciplinar e registrar o pensamento. "A escrita faz de tal modo parte de nossa civilização que poderia servir de definição dela própria. A história da humanidade se divide em duas eras: antes e a partir da escrita" (Higounet, 2003, p. 10).

De acordo com Higounet (2003) não incorremos em um exagero quando afirmamos que vivemos os séculos da escrita. Isso porque todas as nossas sociedades se baseiam **sobre o escrito**. Trata-se aqui de um daqueles raciocínios que, de tão simples, mal paramos para pensar neles. Senão, vejamos: onde podemos encontrar os princípios que regem o cotidiano de nossa atual sociedade brasileira? Na Constituição Federal (CF) de 1988 (Brasil, 1988), devidamente registrada sobre a linguagem escrita. É por meio dela que nós, cidadãos brasileiros, temos acesso aos direitos e deveres, os quais devemos exercer e respeitar. Ou, em termos jurídicos, é a escrita que torna possível o exercício da constitucionalidade, pelo qual se busca distribuir a autoridade por meios legais, de modo a evitar quaisquer violências ou abusos de poder. Em suma, é o pacto social da sociedade brasileira. A escrita é o **fato social** que está na base da civilização, fundamentando, portanto, as ciências humanas.

> *Desse modo, a escrita não é apenas um procedimento destinado a fixar a palavra, um meio de expressão permanente, mas também dá acesso direto ao mundo das ideias, reproduz bem a linguagem articulada, permite ainda apreender o pensamento que está na própria base de nossa civilização. Por isso a história da escrita se identifica com a história dos avanços do espírito humano.* (Costa; Pereira, 2009, p. 282)

Isso posto, não temos dúvidas de que essas reflexões iniciais são necessárias para que possamos percorrer corretamente, ainda que de forma breve, as origens dos serviços notariais e registrais, em uma explanação que abrange desde o seu surgimento na região da antiga Mesopotâmia (atual Oriente Médio) até a chegada em nossas terras do Brasil. Assim como também é importante, conforme vimos, iniciar a desconstrução das resistentes camadas de preconceitos que têm sido atribuídos a uma atividade tão importante para o bom funcionamento de uma sociedade civil organizada.

Costa e Pereira (2009) entendem que os serviços notariais e registrais são um instrumento da democracia a serviço da paz social e da ordem jurídica, à medida que os oficiais responsáveis por prestá-los carregam consigo a responsabilidade de preservar o passado, registrar o presente, e, com isso, garantir o futuro.

Agora, importa partir do berço dos serviços extrajudiciais, a partir do próximo tópico, até chegar aos dias atuais.

1.2 Suméria: berço dos serviços extrajudiciais

Ao investigarmos as **origens** dos serviços notariais e registrais, percebemos que eles têm relação mais próxima do que imaginamos com a própria identificação do processo evolutivo da humanidade. Hoje sabemos que, desde a sua aurora, o ser humano percebeu a necessidade de inscrever em pedra a realidade ao seu redor, ou seja, registrar a própria história. Prova disso foi quando realizamos uma das maiores – senão a maior – descoberta de nossos primeiros dias: a caverna de Altamira.

Conforme verificamos em Miguel Ángel García Guinea (1975), isso aconteceu em 1868, quando um caçador chamado *Modesto Cubillas* encontrou, acidentalmente, uma caverna naturalmente preservada há milhares de anos. A queda de uma rocha bloqueou a entrada da caverna e impediu, durante todo esse tempo, a ocupação humana. O local viria a ficar conhecido pelo nome de *Altamira*. A formação rochosa está situada no município de Santillana del Mar (Cantábria), na Espanha. À época, nada teria de novidade não fossem os achados em seu interior: pinturas e gravuras pictográficas. Martín Almagro Basch (2007, p. 1), em 1969, esclareceu que a história ficou conhecida pela região onde fora descoberta até que acabou chegando aos ouvidos de Marcelo Saéz Sautuola, pesquisador que decidiu realizar visitas periódicas à caverna.

Em 1875, Sautoula iniciou uma verdadeira exploração científica no local e, em 1880, publicou um documento intitulado *Breves apontes sobre alguns objetos pré-históricos da província de Santander.* Testes de carbono dataram algumas das pinturas rupestres de Altamira com idade superior a 40.000 a.C., o que significa que foram produzidas muito antes das primeiras civilizações conhecidas atualmente. Se traçarmos uma linha temporal em nossa mente, a caverna de Altamira é anterior também à caverna de Lascaux, na França, outra referência histórica bastante conhecida quanto à gênese da humanidade por meio das gravuras rupestres.

Com o achado das pinturas e gravuras em cavernas situadas na região do que hoje conhecemos como *continente europeu*, podemos, portanto, considerar que a necessidade das pessoas de registrar aquilo que se vivencia está na gênese humana. Ao retratar bisões e outros animais silvestres nas formações da caverna – alguns deles já extintos, como é o caso do mamute –, os pré-históricos sentiam a necessidade de registrar as conquistas de suas caças e sua tentativa de relação de domínio para com esses animais.

As próprias cavernas, como um todo, podem ser entendidas como um grande registro de nossas origens e de como se desenvolvia a vida humana naquele período, da mesma forma que um estudante de História do Brasil se dirige a um cartório de notas para estudar a sociedade brasileira na época da escravidão, por exemplo. Afinal, ainda hoje é possível encontrar o registro de propriedades de indivíduos em cartórios notariais brasileiros – o que também comprova a seguridade do sistema no âmbito da preservação desses arquivos. Por isso, parece oportuno e bastante lógico colocarmos a caverna de Altamira como o ponto de partida para a investigação histórica que aqui buscamos realizar.

É claro que, quando falamos da caverna espanhola de Altamira, estamos nos referindo a um período bastante rudimentar, milhares de anos antes do surgimento daquilo que os historiadores denominam *civilizações modernas*. Isso aconteceu em conjunto a uma mudança no funcionamento social de nossos ancestrais: a transição do nomadismo para o sedentarismo, durante a revolução neolítica, espaço de tempo dentro da Pré-História.

É nesse ponto que o ser humano percebe a vantagem de se estabelecer em um único local, em que começa a abandonar a condição de nômade, em paralelo ao início de desenvolvimento da agricultura. Os trabalhos em terra foram determinantes para que as pessoas firmassem com maior propriedade sua relação de domínio com a natureza, o que assentou o seu processo de fixação, isto é, o sedentarismo, de modo que pudesse agrupar grande parte de suas necessidades ao seu entorno. A invenção da escrita e a origem dos serviços notariais e registrais têm relação direta com o trabalho na terra.

Uma curiosidade é que, por causa disso, até hoje utilizamos a expressão *lavrar uma escritura*, da mesma forma que se lavra a terra na agricultura. Desse processo de cultivo que começou a surgir na história da humanidade decorreu que as relações entre os indivíduos tornaram-se cada vez mais complexas. Por isso, a figura que viria a surgir, o **escriba**, cavava sinais na argila de sua tabuleta da mesma forma que um trabalhador da Antiguidade cavava sulcos no barro de seu campo. A palavra *página*, inclusive, vem do latim *pagus*, que significa "o campo do agricultor". "É a mesma terra, são instrumentos de madeira parecidos, a enxada primitiva e o cálamo distinguindo-se quase que apenas pelo tamanho. O Nilo banha com a mesma água a cevada e o papiro" (Lévy, 1993, p. 88).

A invenção da escrita e a origem dos serviços notariais e registrais tem relação direta com o trabalho na terra.

Nesse contexto, uma das primeiras concentrações humanas da qual se tem notícia é a **civilização da Suméria**, a ponto de o pesquisador Amar Hamdani classificá-la como a primeira grande civilização da humanidade. "A civilização suméria é uma das mais antigas conhecidas até hoje. [...] Apareceu no V milênio a.C. muito antes da egípcia e da chinesa" (Hamdani, 1978, p. 12).

O fato de a Suméria ser normalmente classificada como a primeira grande civilização da qual se tem registro coincide com outro fato importantíssimo para o surgimento dos serviços notariais e registrais: a invenção da escrita. Trata-se de um consenso científico, ratificado por Hamdani, atribuir à Suméria a **invenção da escrita**. Esse autor explica que os sumérios haviam atingido tamanho grau de desenvolvimento para sua época que o povo não se contentava somente com as invenções materiais, como as ferramentas, e "criou, como se sabe, a primeira escrita conhecida até hoje. Originalmente pictográficos, os sinais tornaram-se cada vez mais abstratos: o desenho deixou de imitar o objeto que representava e designava" (Hamdani, 1978, p. 213). Para colocarmos de maneira resumida, o processo para a evolução abstrata pelo qual o desenvolvimento da escrita percorreu durante o seu desenvolvimento sumério representa que as nossas primeiras expressões, de signos rudimentares que buscavam representar objetos ou eventos do mundo, passaram, pouco a pouco, a representar uma linguagem a respeito do mundo.

De acordo com Hamdani (1978), a Suméria, das civilizações antigas, é a mais bem estudada devido às inscrições em tabuletas de argila que legou à humanidade. Isso nos permite dizer que todo o conhecimento que hoje partilhamos desse povo e da invenção da escrita é uma consequência da conservação registral, isto é, seguindo uma lógica bastante semelhante à que estabelece os critérios dos serviços notariais e registrais. Hoje localizados e conservados no Museu de Antiguidades de Istambul, na Turquia, alguns exemplares das mais de 30 mil tabuletas de argila – ou *plaquinhas*, conforme Hamdani (1978) refere-se ao material – foram preservadas pelos sumérios e puderam ser estudadas pelas civilizações posteriores. Estas transmitiam textos referentes às vidas social, religiosa, econômica, assim como o notório pilar histórico que traz o código dos grandes reis da Babilônia – conhecido como o *Código de Hamurabi*. Dessa maneira, permitiram que pudéssemos obter uma ideia da perfeição técnica de seu povo, assim como de suas conquistas científicas e de sua arte.

Da origem pictográfica, os sumérios passaram a estabelecer os primórdios da escrita por meio dos sinais cuneiformes. Eles escreviam na argila com o auxílio de pontas de vime, e o traço deixado por essas pontas gerava um símbolo em forma de cunha (V), do qual decorre o nome *cuneiforme*. Hamdani (1978) alerta, contudo, que, originalmente, muitos dos que se propuseram a estudar a linguagem gráfica dos sumérios viram naquela variedade de signos nada além de uma inusitada maneira de decoração geométrica.

> *Foi preciso a perspicácia do dinamarquês Niehbur para perceber por trás da confusão das cunhas uma escrita, uma linguagem. Grande viajante, Niehbur tinha ido à Pérsia e ele mesmo copiou uma famosa inscrição de Naqshi-Roustam perto de Persépolis. Essa inscrição compunha-se de três colunas cobertas de sinais aparentemente semelhantes visto que as três eram de tipo cuneiforme. Mas Niehbur examinou-as com atenção e descobriu, na realidade, três escritas diferentes, correspondendo sem dúvida a três línguas diferentes. Conseguiu mesmo separar na primeira escrita 42 sinais, provavelmente constituindo um alfabeto que se deveria ler da esquerda para a direita. [...] Vinte anos mais tarde, outro dinamarquês, Munter, atacou por sua vez as plaquinhas. Confirmou a hipótese de Niehbur (três tipos de escrita, três línguas) [...] Munter teve ainda a intuição de que se estava na presença de textos datando do período do rei Acmênides*

> *(o que se revelou exato). Melhor ainda: ele precisou a natureza das três escritas, a primeira era alfabética, a segunda silábica, a terceira ideográfica. Os textos continuavam silenciosos, mas o passo vencido era importante.* (Hamdani, 1978, p. 48)

Com a invenção da escrita, a civilização suméria e, posteriormente, o povo sumério-acadiano – os acádios foram um povo que conquistou a Suméria milhares de anos mais tarde – acabaram por criar diversos signos que futuramente se desenvolveriam para compor a formação de um **alfabeto**. Acontecia ali, portanto, uma revolução na história da humanidade, ao posto que, como vimos com o pensamento de Higounet (2003), criaria um divisor de águas (antes da invenção da escrita e após a invenção da escrita) na linha temporal de nosso desenvolvimento.

> *A escrita cuneiforme, inventada pelos sumérios, é o mais antigo sistema de escrita que conhecemos atualmente por meio de documentos. O termo "cuneiforme", que significa em forma de "cunha", caracteriza seu aspecto exterior anguloso. Seus sinais, impressos, mais que traçados, nas tabuletas de argila, com um junco cortado obliquamente segurado com a mão fechada, mais raramente gravados sobre pedra, se apresentam, com efeito, ordinariamente sob a forma de combinações de pregos triangulares. Depois de ter servido de notação à língua dos sumérios que viviam na Mesopotâmia nos milênios IV e III antes de nossa era, essa escrita se propagou em toda a Ásia anterior, onde se tornou o meio de expressão de línguas diversas.* (Higounet, 2003, p. 29)

Higounet (2003) remete o termo *notação* à origem da expressão gráfica de nossa linguagem, o que reforça o paralelo que aqui investigamos sobre a origem dos serviços notariais e registrais. Outro ponto de suma importância nessa gênese está no fato de que os sumérios não eram autóctones na região babilônica, isto é, não eram originais daquele solo. Isso poderia gerar dúvidas quanto à verdadeira autoria da invenção da escrita.

Fatalmente, por ainda se tratarem da primeira civilização de que hoje temos conhecimento, é difícil precisar de onde teriam surgido os sumérios: China, Ásia Central, Turquestão, Índia, Cáucaso. Muitas são as possibilidades. De acordo com Higounet (2003), cientistas, buscando sanar essa dúvida, levantaram a hipótese da origem comum das escritas do mundo antigo: sumério, proto-elamita, egípcio, proto-indiano, chinês. De maneira semelhante, Hamdani (1978) ressalta que, mesmo as tabuletas de argila sofreram transformações, sobretudo em suas dimensões. Na origem, eram retangulares e ligeiramente curvas. Mais tarde, tornaram-se planas e os cantos foram arredondados, enquanto a superfície chegou a atingir 11 centímetros.

Alguns cientistas tentaram descobrir "num proto-sumério pictográfico o ancestral de todas as escritas. Não há dúvidas, porém, de que há entre elas alguma semelhança interna. São todas escritas analíticas" (Higounet, 2003, p. 29). Essa tese reforça a atribuição sumeriana da invenção da escrita, ratificando a essa civilização a responsabilidade pela primeira célula desse tão importante engenho humano, e que permitiu, posteriormente, sua reprodução e evolução para outros povos.

Tal corroboração científica é importante à medida que nos aprofundamos a ponto de investigar o porquê de os sumérios terem sentido real necessidade de inventar uma tecnologia capaz de externar o pensamento: a notação em forma de registros de contabilidade. Em uma realidade em que não havia quaisquer formas de notação, o desenvolvimento da agricultura incitou o surgimento de alguma técnica capaz de registrar o acúmulo dos excedentes de produção, uma vez que "atinge dimensões tais que nenhuma memória humana é suficiente para anotar tudo com a minúcia e a exatidão.

[...] As plaquinhas de Uruk IV são registros de contabilidade" (Hamdani, 1978, p. 81). Surge aqui, portanto, o embrião daquilo que viria a se tornar os atuais serviços notariais e registrais. Além disso, é também na Suméria que surge a figura do escriba, que se constituiu como uma casta completamente à parte.

Os **escribas** foram primeiramente vistos pelos sumerianos como artistas, altamente considerados pelo povo da Suméria. Todavia, à medida que a necessidade de anotar tudo se tornou cada vez mais premente – ou seja, conforme o embrião da notação registral evoluía em uma sociedade que se desenvolvia de forma cada vez mais complexa –, os escribas sumerianos iniciaram um rompante. "Então foram criadas provavelmente as primeiras escolas, o que rompia com a transmissão de pai para filho da técnica da escrita" (Hamdani, 1978, p. 213-214).

Os textos da Suméria considerados escolares, e que resistiram ao tempo, possibilitaram aos pesquisadores que compusessem duas classificações para aquilo que era ensinado desde antes do ano 5.000 a.C: uma "científica" e outra "literária". Veja que aqui estamos atribuindo aspas para as duas palavras. Isso porque, ao tratarmos da primeira civilização até hoje conhecida, não podemos incorrer no erro de ignorarmos o contexto: um cotidiano bastante diferente do nosso e que, portanto, permite o uso das palavras *científica* e *literária* apenas como termos aproximados, e não da forma como precisamente os entendemos hoje. Segundo Hamdani (1978, p. 213-214), os escribas eram ensinados, sobretudo, para as profissões em que exerceriam funções do funcionalismo, da contabilidade e da administração. Interessante notar que a figura do escriba, conforme veremos, viria a aparecer também no Antigo Egito e entre outras civilizações, como a dos hebreus, de forma bastante similar.

Outra convergência em relação aos serviços notariais e registrais dos dias de hoje é que o escriba da Suméria também surgiu para sistematizar o funcionamento de uma civilização. Essa função está presente na raiz de nosso ofício, emergindo em consequência das necessidades sociais, da mediação pela paz.

1.3 A relação entre os escribas egípcios e a atividade registral e notarial

Após o surgimento da escrita na Suméria, os primeiros signos gráficos utilizados para a comunicação começam a se propagar, com uma lógica interna semelhante mesmo em diferentes escritas, utilizadas pelos povos da Mesopotâmia e além dessas tais fronteiras. É o caso da **escrita egípcia**, que foi também um dos mais importantes sistemas de escrita do mundo antigo. Sua forma mais característica e mais antiga é chamada de *hieroglífica*. "Os hieróglifos eram sinais gravados (do grego *hieros*, sagrado, e *glyphein*, gravar) que os egípcios consideravam ser a fala dos deuses. Assim como a sumero-acádica, essa era uma escrita de palavras, conservando, entretanto, o uso de sinais simbólicos falantes e vivos" (Magalhães, 2015, p. 21, grifo do original).

Os mais antigos documentos da escrita egípcia datam do ano 3.000 a.C. Na sociedade egípcia, a exemplo da Suméria, os escribas pertenciam a uma casta privilegiada, recebendo tratamento especial e diferenciado dos demais cidadãos. Segundo Brandelli, eram os **escribas egípcios** que redigiam os atos jurídicos para os monarcas, atendendo, anotando e registrando todas as atividades privadas. "No entanto, como não eram possuidores de fé pública, havia a necessidade de que os documentos por eles redigidos fossem homologados por autoridade superior, a fim de alcançar valor probatório" (Brandelli, 2009, p. 5). Da mesma forma, na sociedade sumeriana os escribas eram considerados uma das categorias de funcionários mais privilegiada da sociedade.

Ainda segundo Brandelli (2009), o escriba egípcio pode ser considerado um dos antepassados da atividade notarial e registral de maior relevância: "Os escribas pertenciam às categorias de funcionários mais privilegiadas e lhes era atribuída uma preparação cultural especialíssima; por isso, os cargos recebiam o tratamento de propriedade privada e, por vezes, transmitiam-se em linha de sucessão hereditária" (Brandelli, 2009, p. 4-5). É também no Antigo Egito que podemos encontrar um sistema de publicidade de registro de imóveis bastante sofisticado, dado o contexto histórico. Os escribas eram encarregados de realizar os *katagrafe*, documentos expedidos em pergaminhos e que regulamentavam os imóveis na sociedade egípcia. "Nessa ocasião, já se cobravam emolumentos pelos registros" (Anoreg-BR, 2013, p. 109). De acordo com relatos históricos, essas cobranças seriam iguais à vigésima parte do imóvel registrado.

De acordo com a Associação dos Notários e Registradores do Brasil (Anoreg-BR, 2013, p. 109), "Há uma espécie de processo judicial da época, datado de 185 a.C., em que uma pessoa de nome Hermias reivindica a posse de uma casa. No documento, ele alega a existência de uma lei segundo a qual os contratos de compra e venda de imóveis não registrados não teriam valor". No Antigo Egito já se dizia, como hoje se diz – de forma não totalmente verdadeira, como se verá –, que "quem não registra não é dono".

1.4 Atividade notarial e registral nas escrituras sagradas

Prosseguindo em uma linha temporal sucessória, o desenvolvimento da atividade notarial e registral seria novamente retomado pelo povo hebreu, nos idos do primeiro milênio a.C. A história do povo hebreu é recontada em grande parte pela narrativa presente na Bíblia. Não é mera coincidência que um exemplo histórico dos serviços notariais e registrais seja encontrado nas páginas das **Sagradas Escrituras**:

> *As Sagradas Escrituras dão notas dessa situação, quando no livro de Esdras (Capítulo VII, versículo 6), diz: "Esdras, portanto, que era um escriba muito hábil na lei de Moisés, que o Senhor Deus tinha dado a Israel, voltou de Babilônia. O rei concedeu-lhe tudo o que ele pediu, porque a mão do Senhor seu Deus era com ele". E no versículo 11: "Esta é, pois, a cópia da carta em forma de edito, que o rei Artaxerxes deu a Esdras sacerdote, escriba instruído nas palavras e nos preceitos do Senhor, e nas cerimônias que ele prescreveu a Israel.* (Brandelli, 2009, p. 5)

É interessante observarmos ainda que essa não é a única citação aos serviços de notas e registros encontrada na Bíblia. Há outro relato na Bíblia que se assemelha à atividade notarial e registral, conforme descrito no livro de Jeremias. "Na passagem, Javé ordena a Jeremias a formalização da compra de um imóvel. Isso, nos tempos do império de Nabucodonosor" (Anoreg-BR, 2013, p. 107). Vejamos a passagem integralmente, conforme descrita no livro bíblico de Jeremias, capítulo 32, versículos 14 e 15:

> *Assim diz o Senhor dos Exércitos, o Deus de Israel: Toma estas escrituras, este auto de compra, tanto a selada, como a aberta, e coloca-as num vaso de barro, para que se possam conservar muitos dias. Porque assim diz o Senhor dos Exércitos, o Deus de Israel: Ainda se comprarão casas, e campos, e vinhas nesta terra.* (Bíblia, 1996)

Assim como nas sociedades que vimos anteriormente, bem como nos relatam os textos históricos, os escribas hebreus apresentavam grande preparação cultural, obtendo reconhecimento perante os cidadãos comuns. Brandelli (2009) ressalta que, nesse período da história, existiam o escriba **da lei**, o escriba **do povo**, o escriba **do rei** e o escriba **do Estado**. Embora estejamos falando de uma sociedade que habitou o planeta há cerca de 3 mil anos, é possível percebermos nessa divisão de funções dos escribas um rudimento do Estado de direito, o qual, por sua vez, inicia-se nesse exemplo dos hebreus em conjunto ao desenvolvimento dos serviços notariais e registrais. Esse é um detalhe importante para nos atentarmos; afinal, não haveríamos de dizer, justamente, que as notas e os registros se constituem como a base de direitos humanos fundamentais?

Considerando que estamos a falar sobre um tempo situado logo após o surgimento das primeiras modalidades de comunicações gráficas inventadas, os ***escribas*** *podem ser considerados as* ***primeiras pessoas letradas*** *das antigas civilizações.*

Os hebreus e os egípcios não tinham o conceito de *fé pública*: "esses ancestrais do atual tabelião eram somente redatores, faltando-lhes, porém, a fé pública, o poder de autenticar o que redigiam, fato pelo qual sua função não se equipara ao conceito atual da função notarial, no entanto, a ela se aproxima" (Brandelli, 2009, p. 5).

Nesse recorte dos tempos passados, o escriba não era visto como um "assessor jurídico" das partes entre as redações que realizava, sendo, em suma, um observador capacitado para a arte da escrita. Considerando que estamos a falar sobre um tempo situado logo após o surgimento das primeiras modalidades de comunicações gráficas inventadas, os **escribas** podem ser considerados as **primeiras pessoas letradas** das antigas civilizações.

Veja que interessante notarmos também que, em um mundo onde a escrita era privilégio de poucos, nossos antepassados surgem para o registro dos acordos celebrados entre as partes. Reforçando: para garantir um funcionamento justo e progressista de tais sociedades.

1.5 Grécia Antiga e a origem dos serviços notariais e registrais

Prova da relevância das notas e dos registros seria ressaltada até mesmo por Aristóteles, reconhecido como um dos maiores pensadores da **Grécia Antiga**. Isso porque, na sociedade grega, existiam oficiais públicos cuja função era a de lavrar os atos e contratos dos particulares, os *mnemons*, assemelhando-se, assim, à função notarial e registral.

> *Sua importância era reconhecida e foi crescendo conforme o desenvolvimento da vida civil grega, de tal sorte que Aristóteles referia-a aos* mnemons *afirmando que existiam em todos os povos civilizados e que eram necessários numa cidade bem organizada. [...] Uma análise etimológica da palavra* mnemons *revela a essência do notariado grego, qual seja a guarda e a lembrança dos contratos, isto é, a pré-constituição de prova.* (Brandelli, 2009, p. 6-7, grifo do original)

Diretamente do grego, a palavra *mnemon* significa "memória", o que faz todo o sentido quanto à capacidade de ser transmitida ao longo dos tempos, característica essencial de nosso ofício. Hoje não apenas sabemos da importância dos *mnemons* para a sociedade grega, como a força desses personagens nesse recorte histórico. Nas palavras de Lévy (1993, p. 77): "Na mitologia grega, *Mnemosina* (a memória) tinha um lugar bastante privilegiado na genealogia dos deuses, já que era filha de Urano e Gaia (o Céu e a Terra)".

Para os gregos, portanto, a capacidade da memória era tão importante quanto a própria existência do universo. Isso porque é somente por meio dessa tecnologia da inteligência que as sociedades humanas conseguem alcançar novos patamares de desenvolvimento. Esses fatores nos levam a entender melhor as características que fizeram a Grécia Antiga atingir os rumos dos quais partiria toda a gênese das sociedades que a viriam suceder.

Além da valorização de importantes conceitos, sabemos que a Grécia Antiga foi uma das mais desenvolvidas sociedades da Antiguidade, berço da democracia. Essa distinção pode ser percebida também por meio do avançado rol da estrutura administrativa pública e judiciária existente desse povo. "Além dos *mnemons*: os *epistates*, cuja função era a de escrever os atos do processo judicial, e os *hieromnemons*, que tinham a incumbência de guardar e conservar os documentos públicos e particulares" (Brandelli, 2009, p. 6, grifo do original).

No decorrer de nossa investigação histórica sobre a origem dos serviços notariais e registrais, um documento descoberto em 1992, em Cortona, na Itália, tem grande valor. Isso porque se trata de uma escritura muito antiga, provavelmente de compra e venda de terras, até hoje conservada. Encontrada em condições não muito conhecidas e, certamente, depois de escavações clandestinas, a Tabuleta de Cortona é uma réplica em placa de bronze, de aproximadamente 45 cm por 30 cm, de um pergaminho que continha inscrições que cobrem totalmente uma face e a parte superior do verso (Thompson, 2012). Segundo o Museu Dell'Accademia Etrusca, onde a peça está exposta, o documento data de aproximadamente 300 a.C.

Com mais da metade do registro contendo nomes próprios e sinais de pontuação, a tabuleta contém o terceiro maior texto etrusco conhecido em número de linhas, com aproximadamente 206 palavras. Como faltam escritos longos, com um vocabulário rico que permita avanços no conhecimento do etrusco, a descoberta é bastante comemorada.

> *Tudo indica tratar-se de um documento jurídico, um contrato sobre a venda de terras, onde existiam uma vinha*

e um olival situado perto do lago Trasimeno. Daí as listas de nomes próprios que provavelmente representam os vendedores, os compradores, as testemunhas e os fiadores daquela transação. (Thompson, 2012)

Aparece ainda na inscrição a expressão *cen zic zichuche*, que se traduz por "este texto foi escrito", uma fórmula esperada em atas de tipo notarial. Há a qualidade de um magistrado, *zilath mechl rasnal*, que significa "pretor da liga etrusca" ou, como alguns hoje acreditam, pretor da cidade de Cortona – talvez o prefeito da cidade. Constata-se que, como na Roma dos cônsules, a datação é indicada pelo nome de dois magistrados que estavam no cargo naquele ano.

1.6 Direito romano e as bases do sistema notarial e registral

Antes de partirmos para o próximo grande ponto histórico de desenvolvimento dos serviços notariais e registrais, é importante lembrarmos que as situações até agora descritas são, em grande parte, contemporâneas entre si. Desse modo, as notas e os registros, assim como a necessidade e importância de suas utilizações, passaram a firmar-se lentamente na civilização humana por meio das mais diferentes culturas.

Essa breve reflexão serve para que nos lembremos da consideração de historiadores da área do direito, que comumente atribuem o surgimento das bases do sistema notarial e registral ao início do império romano.

O professor Pinto Ferreira, em Comentários à Constituição Brasileira, ressalta que a função do escriba, no antigo Oriente, era "reflexo do poder sacerdotal" e somente no

> *Direito Romano é que "a instituição do notariado toma transcendência e relevo". Isso porque os atos passaram a ser praticados de maneira privada.* (Anoreg-BR, 2013, p. 109)

A importância de Roma neste capítulo investigatório das origens das atividades de nosso ofício justifica-se pela habitual classificação que é dada ao **direito romano**. Embora existam registros antecedentes a tal período, é durante a fundação da cidade de Roma e posterior desenvolvimento do império romano que surge o conceito considerado "ponte" entre experiências rudimentares do direito com o mundo jurídico moderno. Dessa maneira, ao nos lembrarmos de que, afinal, os serviços notariais e registrais são hoje uma das atribuições do direito, faz sentido nos determos brevemente nessa civilização a fim de averiguarmos macroscopicamente a aglutinação entre as notas e os registros com o sistema de justiça das pessoas. Interessante observarmos também o quanto o direito descende dessas atividades, sendo que, conforme vimos, remontam aos primórdios das civilizações humanas. Tanto isso é verdade que o evento que sustenta a origem do direito romano está inscrito – veja só – em uma tabuleta de madeira (uma das suposições, conforme veremos adiante), de forma bastante semelhante às quais dispunham os primeiros escribas da humanidade.

Contudo, antes de adentrarmos um pouco mais a fundo nas origens do direto romano, é necessário que, para compreendê-lo em sua totalidade, revisemos brevemente a **organização social** dessa aglomeração humana que acabou se tornando um dos maiores impérios do mundo antigo.

Muitos já ouviram o termo *patrício*, mas poucos o conhecem. Você sabe quem foram os patrícios?

Os principais grupos sociais que se organizaram em Roma foram os patrícios, os clientes, os plebeus e os escravos. Os **patrícios** eram proprietários de grandes porções de terras, rebanhos e escravos. Desfrutavam de direitos políticos e desempenhavam importantes funções públicas, militares, religiosas, de justiça ou administrativas. Eram, pois, considerados os verdadeiros **cidadãos romanos**.

Os **clientes** eram homens livres que prestavam os mais variados serviços aos patrícios em função de retorno econômico e proteção social. Já os **plebeus** constituíam-se por homens e mulheres, também livres, dedicados ao comércio, artesanato e à agricultura. Os **escravos**, como acusa o substantivo autoexplicativo, eram vistos como uma propriedade, não como seres humanos, embora relatos históricos deem conta de que muitos escravos romanos chegaram a ser libertados.

Segundo pesquisadores do período referido, no início da civilização romana, as leis eram segregadas pelos pontífices e por outros representantes das classes dos patrícios, sendo sumariamente executadas contra os plebeus. De acordo com Tellegen-Couperus (1993), o desentendimento entre os patrícios e os plebeus durou anos na sociedade romana. Isso porque não havia uma designação clara e acessível das leis que regiam a civilização. As decisões da época, portanto, eram aplicadas indiscriminadamente por aqueles que estavam no topo da pirâmide social. Após anos de luta, os plebeus teriam convencido os patrícios a registrar as fundamentações jurídicas em uma compilação e publicação em um código legal oficial, de maneira que todos pudessem lê-las e conhecê-las.

Disso surgiu a **Lei das Doze Tábuas**, num momento histórico comumente atribuído ao surgimento do direito romano e, consequentemente, do direito moderno. E é exatamente nesse acontecimento da história que podemos perceber, mais uma vez, a relevância das atividades notariais e registrais, uma vez que o nascimento do direito moderno tem uma interligação evidente com o seu registrado, inclusive no mesmo suporte utilizado desde a Suméria pelos escribas.

Não seria um exagero notarmos que o ofício das notas e do registro precede a existência daquilo que, hoje, conhecemos como a *técnica da justiça dos homens*, sendo posteriormente incorporado e desenvolvido por ela.

> *O texto original das XII Tábuas não foi preservado. As tábuas, que, de acordo com Lívio, eram feitas de bronze; de acordo com Pomponius, eram feitas de marfim, e, de acordo com autores modernos, eram feitas de madeira. Elas provavelmente foram destruídas quando os celtas atearam fogo em Roma em 387 a.C.* (Tellegen-Couperus, 1993)

O **documento escrito** é muito valorizado atualmente e também há tempos. Mas, e os romanos antigos? Atribuíam a ele tanto valor?

Apesar dos incessantes conflitos entre os patrícios e os plebeus, curiosamente o povo romano, inicialmente, dispensava o documento escrito, o que demonstra uma atitude em sentido contrário a todo o desenvolvimento histórico que vimos até o momento. A lei natural e a boa-fé imperavam soberanas e, assim, a palavra dos cidadãos fazia fé em juízo. Entretanto, com a expansão do povo romano e a consequente multiplicação das relações civis, foram surgindo os vícios, corrompendo a boa-fé que reinava, subsidiando a necessidade de não apenas traçar maneiras justas de aplicações jurídicas entre as diferentes camadas dessa sociedade, mas também de se dar vigor aos contratos, registrando-os em documentos escritos, como forma de guardar a palavra.

> *Com esse intuito, surgiram oficiais dos mais variados matizes, dentre os quais os* notarii, *os* argentarii, *os* tabularii *e os* tabelliones. *Os* notarii, *símile do taquígrafo moderno, costumavam escrever com notas, que consistiam nas iniciais das palavras ou em abreviaturas, de significado difundido na praxe. Como conta Antonio Augusto Firmo da Silva, os* notarii *escreviam suas notas "com tal rapidez que por muito depressa que se pronunciassem as palavras, à mão ia mais depressa ainda".* (Brandelli, 2009, p. 7)

Mas esses oficiais públicos não foram os únicos que puderam ser encontrados durante a civilização romana. É registrado que, no território sobre o qual se desenvolveu a Roma Antiga, existiu uma quantidade ainda maior de funcionários, conhecidos como *notarii*, *scribae*, *tabeliones*, *tabularii*, *chartularii*, *actuarii*, *librarii*, *emanuenses*, *logographi*, *refrendarii*, *cancelarii*, *diastoleos*, *censuales*, *libelenses*, *numerarii*, *scriniarii*, *cornicularii*, *exceptores*, *epistolares*, *consiliarii*, *cognitores* e outros mais, os quais também tiveram certa relação com o surgimento da atividade de notas e registro.

Apesar de terem dado nome ao notário atual, as funções dos *notarii* são diferentes das realizadas pelos notários nos dias de hoje. Isso porque os *notarii* não tinham caráter público e a função notarial, totalmente relacionada à segurança jurídica e à possibilidade da mediação pela paz, conforme vimos, é bastante diferente das funções de um taquígrafo, um instrumento mais próximo do que exerciam os *notarii* na sociedade romana. O taquígrafo era um registrador de acontecimentos, dada a sua velocidade na escrita por utilização de símbolos abreviaturas – logo, praticava atos que muito se assemelhavam aos que hoje atribuímos o nome de ***ata notarial***.

Já os *argentarii*, de acordo com Brandelli (2009), eram semelhantes ao que temos hoje com os banqueiros. "Conseguiam dinheiro por empréstimo para particulares, elaborando o contrato de mútuo e registrando em livro próprio o nome e o cognome do devedor" (Brandelli, 2009, p. 7). Por sua vez, os *tabularii* eram empregados fiscais que tinham como missão a direção do censo da sociedade civil, a escrituração e a guarda de registros hipotecários, o registro das declarações de nascimentos, a contaria da administração pública, a feitura de inventários das coisas públicas e particulares, entre outras atribuições.

Por fim, e como o próprio nome prenuncia, os *tabelliones* remontam ao verdadeiro precursor do notário moderno. Eram eles os encarregados de lavrar, a pedido das partes, os contratos, os testamentos e os convênios entre particulares. "Intervinha o *tabellion*, ou *tabellio*, nos negócios privados com notável aptidão como além do que propiciava as partes embora fosse imperito no Direito" (Brandelli, 2009, p. 8). **Tabelião**, afinal, nada mais é, etimologicamente, do que aquele que escreve em tábuas. Uma nomenclatura que manteve a tradição da gênese das civilizações e da escrita até hoje.

Com Justiniano I (Flavius Petrus Sabbatius Justinianus), imperador bizantino (527-563 d.C.), unificador do império romano cristão, operou-se ao processo da atividade do *tabellio* como uma profissão oficialmente regulamentada. Em conjunto com Justiniano I, outro imperador seria crucial durante o período romano para a **regulamentação** dos primórdios da atividade notarial e registral: Leão I (Flavius Valerius Leo). Dessa forma, os *tabelliones* da época puderam formar uma corporação, por meio da qual eram formados outros *tabelliones* de reconhecida capacidade na arte da fala e da escrita. "Os tabelliones deviam estar em lugar público, *statio*, estações ou ofício, onde com rito solene eram introduzidos pelo *magister censualis* ou pelo prefeito, prefectus urbis" (Brandelli, 2009, p. 9). Os imperadores Leão I e Justiniano I foram fundamentais para a origem institucional das atividades de notas e registros, pois foram com suas intervenções que os ofícios adquiriram maior dignidade e importância. Podemos perceber, também, que, com o império romano e a necessidade de que os *tabelliones* permanecessem em um lugar público – o *statio* –, temos algo bastante semelhante à forma como os serviços notariais e registrais são exercidos atualmente.

No Capítulo I da Novela XLIV, está inserida uma das leis que compõem o Corpus Juris Civilis:

> *que os notários não escrevam os documentos em papel em branco, senão no que a princípio tenha (o que se chama protocolo) o nome daquele que na oportunidade seja gloriosíssimo Conde de nossas Sacras liberdades, a data em que se fez o documento e o que em tais folhas se escreve, e que não cortem o protocolo, senão que o deixem unido.* (Martins, 1979, citado por Mundo Notarial, 2002)

Com a Novela XLIV, o imperador Justiniano viria a dispor legalmente sobre a instituição do tabelionato. Conforme versa Brandelli (2009, p. 9): "Proibiu ao tabelião delegar a um substituto ou discípulo as suas funções de confeccionar originais ou minutas". A regra não valeria para os tabeliães de Constantinopla, aos quais Justiniano I permitiu que tivessem um substituto cada, ao qual – e somente a esse substituto – poderiam delegar as funções de lavrar os instrumentos. Por isso a importância da Novela XLIV, pois todas essas disposições poderiam ser encontradas no primeiro capítulo do referente documento: "Encerrado com a seguinte assertiva do imperador: '*Melius sit pauca agere cautè quam multis interesse periculosè... et documenta sub cautela facient*'*" (Brandelli, 2009, p. 9).

* Em tradução livre, significa: "melhor é documentar com cautela poucos documentos do que muitos perigosamente... e assim ter documentos que valham".

Nesse ponto histórico, podemos perceber o lastro de uma iniciativa à brasileira acrescentada ao nosso serviço notarial e registral: a figura do **preposto**, que são os escreventes com o poder maior de assinar em nome do tabelião alguns atos autorizados, exercendo a titularidade pelo cartório quando o tabelião estiver ausente. Durante tais ocorrências, o preposto responde pela serventia. Embora a adoção desse procedimento tenha sido realizada unicamente no Brasil, é importante que nos lembremos dos benefícios trazidos à população por essa medida, como maiores agilidade e eficiência nos serviços notariais e registrais, que não deixam de estar em pleno funcionamento mesmo nas situações em que o tabelião titular não se faz presente. Não há quaisquer prejuízos à segurança dos atos jurídicos praticados durante o exercício do preposto, uma vez que o titular continua respondendo legalmente pelo tabelionato.

Retornando para a nossa investigação histórica, as medidas de Justiniano I não foram as únicas desenvolvidas pelos imperadores para desenvolver as atividades notariais e registrais da época. No Capítulo II da Novela XLIV, Justiniano I resguardou a obrigação de que os tabeliães fossem estudados em Direito, proporcionando, dessa maneira, diversas inovações, como a possibilidade de que esses oficiais interviessem nos inventários e a subscrição nas denúncias que interrompessem a prescrição de falta de magistrados em determinadas localidades.

> *O imperador bizantino Leão VI [...] decretara que o notário deveria conhecer as leis; avantajar-se sobre os demais na escrita manual; evitar porfia ou vida dissoluta; ser conspícuo por costumes, irrepreensível por prudência, judicioso, inteligente e hábil no falar, apto para raciocinar, a fim de que não seja facilmente levado de lá para cá por escrituras de falsários e argumentos de astutos. E, mais, que o candidato a notário tivesse em mãos os quarenta títulos do manual das leis, conhecesse os sessenta livros e houvesse aprendido todas as regras ensinadas, para não cometer erros nas escrituras ou equivocar-se nas palavras.* (Brandelli, 2009, p. 10)

O período do império romano foi determinante para o grande desenvolvimento das atividades notariais e registrais. Por esse motivo, é nesse ponto da História que, normalmente, é fundamentada a **origem institucional** do notariado e, por conseguinte, da atividade registral.

Com a queda do império, ao fim do império romano do Ocidente, ocorrido em 476 d.C., as atividades notariais e registrais sofreriam um grande retrocesso com o advento da Idade Média. Esse período medieval foi caracterizado por uma significativa mudança nas estruturas política e econômica que outrora foram adotadas pelos romanos. Implantou-se, na Idade Média, o sistema feudal, o que, segundo Brandelli (2009), trouxe como consequência direta a desestruturação e o enfraquecimento das notas e dos registros. Isso porque, devido à própria estrutura administrativa adotada, ficava impedida a existência de uma instituição notarial e registral que pudesse exercer seu ofício com credibilidade e de forma autônoma.

> "A nomeação dos notários era feita, indiscriminadamente, por dignitários e imperadores, vulgarizando a função a ponto de proverem no cargo pessoas ignorantes e em número excessivo ao necessário." (Melo Júnior, 1998, p. 265)

O enfraquecimento das atividades notariais e registrais durante os tempos da Idade Média faz com que nos lembremos da queima de livros oriunda desse mesmo período histórico. É por isso que, há não muito tempo, a Idade Média era associada às trevas – "Idade das trevas"–, pois foi um espaço de tempo em que não se valorizou a importância de se registrar e conservar o conhecimento adquirido

> *É a nossa capacidade de armazenamento do conhecimento, mediante as notas e os registros, que permite que continuemos a evoluir progressivamente.*

até então pelas sociedades humanas. Conforme vimos até agora, o surgimento das atividades notariais e registrais está diretamente relacionado à gênese da própria humanidade como civilização. É a nossa capacidade de armazenamento do conhecimento, mediante as notas e os registros, que permite que continuemos a evoluir progressivamente. À medida que esse processo é interrompido, também o são os ofícios de notas e registros, como aconteceu na Idade Média e em outros períodos obscuros das civilizações humanas.

1.7 Renascimento das notas e dos registros

As atividades notariais e registrais foram retomadas no século XIII, próximo ao fim da Idade Média – portanto, com o surgimento da Universidade de Bolonha, a primeira universidade do mundo, que tanto contribuiu para o estudo do Direito. À época, constituiu-se em um curso no qual a arte notarial foi protagonista, a ponto de considerarem a universidade como pedra angular do ofício de notas latino. Como vimos, esse desenvolvimento transitaria até desaguar na fundação da União Internacional do Notariado Latino (UINL), a instituição representativa de todo o notariado latino em nível mundial.

Além disso, essa instituição acabou por promover um retorno ao direito romano, ao registro histórico, enfim, às notas e aos registros. Essa era uma escola "de jurisconsultos medievais que, durante os séculos XII e XIII, na Universidade de Bolonha, dedicavam-se ao estudo e ensinamento do direito romano, traduzindo e interpretando o *Corpus Juris Civilis* de Justiniano I" (Brandelli, 2009, p. 11, grifo do original).

De acordo com Luiz Fernando Coelho (2003, p. 456), esses jurisconsultos eram nomeados *glosadores*, uma vez que o trabalho consistia no acréscimo de notas interpretativas às margens (**marginais**) ou entre as linhas (**interlineares**) dos textos romanos, chamadas *glosas*. Considera-se como fundador da escola o lendário Irnério, nos últimos anos do século XI. Esse retorno ao histórico romano continuaria a se propagar nos anos conseguintes. Contudo, durante um grande período, a escola bolonhesa continuaria a ser o epicentro desses estudos. "A Universidade de Bolonha foi a precursora de um movimento europeu de resgate do estudo do direito romano, o que teve o condão de resgatar, no sul da Europa, uma série de institutos jurídicos" (Brandelli, 2009, p. 11), entre os quais estavam, evidentemente, as atividades notariais e registrais.

Com o Império Romano, tivemos a origem institucionalizada das notas e dos registros, mas certamente podemos dizer que foi com a Universidade que atingimos a origem científica de nosso ofício. Em Bolonha, temos o berço dos estudos científicos que resultaram em importante produção legislativa, contribuindo contundentemente para as formas atuais atingidas pelas atividades notariais e registrais. Importante atentarmos que, nesse ponto, estamos falando de uma instituição bastante próxima do fim da Idade Média, o que possibilita esse retorno ao conhecimento e à função tão importante para uma sociedade justa e organizada.

Com o Império Romano, tivemos a origem institucionalizada das notas e dos registros, mas certamente podemos dizer que foi com a Universidade na qual atingimos a origem científica de nosso ofício.

Outro ponto valioso para a nossa observação é que grandes escritores do período surgiram originalmente como notários. É o caso do já citado Irnério, além de Rainerio de Perugia, Martino de Fano, Odofredo, Pedro de Unzola, Pedro Boateiro, Baldo de Perugia, Rolandino Passagerio, Cola di Rienzo, Petrarca, Brunetto Latini – este último foi o mestre de

Dante Alighieri, autor da *Divina comédia*, considerada uma das maiores obras da literatura mundial. Outra personalidade histórica que também foi um notário é Piero Fruosino di Antonio da Vinci, pai de um dos maiores artistas da humanidade: Leonardo da Vinci (Smithsonian, 2017).

Após o período da Escola de Bolonha, a institucionalidade de nosso ofício continuou a ser aprimorada, "até tomar as feições exatas que vemos hoje, constituindo um importante agente de pacificação social e de segurança jurídica preventiva, e ancorada em seus caracteres de imparcialidade e juridicidade" (Brandelli, 2009, p. 12). Com a retomada dos estudos da atividade, assinala Brandelli (2009) que, para prosseguirmos no acompanhamento histórico evolutivo, convém nos determos brevemente em como as notas e os registros se desenvolveram em alguns países do continente europeu.

1.8 Desenvolvimento dos serviços extrajudiciais na França

Na **França**, por muitos anos, o direito de lavrar atos foi emaranhado ao sinônimo de fazer justiça. Os notários expediam e publicavam os contratos em nome de autoridade superior, normalmente na presença do juiz responsável. De acordo com Azyndar (2017, p. 2), o primeiro reconhecimento do ofício no país se deu com Carlos Magno, que estabeleceu os notários como oficiais públicos em 803. Naquela época, as atribuições notariais restringiam-se à redação do acordo entre as partes e ao selamento da lei entre eles.

Alguns séculos depois, Luís IX, em Paris, separou o direito de lavrar atos dos contratos da Justiça propriamente ditos: "tornando-os independentes, e separando aquela, a qual denominavam de *jurisdição voluntária*, desta, a verdadeira jurisdição, encarregando do seu exercício os notários" (Brandelli, 2009, p. 13). Nesse ponto, cabe o parêntese de que a jurisdição voluntária é um dos embriões do processo de "desjudicialização" tão importante em dias atuais para o contexto da sociedade brasileira.

A modificação viria a ser trazida em 1302, por Felipe, o Belo, para todos os domínios franceses. O mesmo rei, em 1304, ordenou que todos os notários, excetuando-se aqueles com residência na capital francesa, tivessem um registro de todos os seus atos, comando que também foi ordenado, posteriormente, aos notários parisienses por Carlos VII, em 1437. Brandelli (2009) ressalta que foi também nesse período que se desenvolveu o caráter venal dos ofícios, enquanto que, em 1596, Henrique IV declararia os ofícios hereditários.

O livro *Cartórios: da pena à era digital*, sobre a história da atividade notarial e registral, produzido pela Anoreg-BR (2013), mostra que, no século XVI, outro avanço na modalidade de registros ocorreu no reino da França. Em 1539, com a Ordenança de Villers-Cotterêts, instituiu-se o registro universal dos batismos e das mortes, ou seja, todas as pessoas que nascessem e morressem deveriam ser registradas. Ainda, com o fim do Concílio de Trento, realizado de 1545 a 1563 pela Igreja Católica, foi ampliada a necessidade dos registros, incluindo os matrimoniais. Podemos imaginar o impacto que tal medida efetuara para o desenvolvimento dos serviços notariais e registrais.

Logo adiante aconteceria um dos maiores movimentos até hoje registrados na história da humanidade: a **Revolução Francesa**. E é de suma importância que nos lembremos dos ideais defendidos por seus revolucionários: liberdade, igualdade e fraternidade. Conquistas que só poderiam ser alcançadas pela via da mediação com o intuito da paz social. Não é mera coincidência, portanto, que a Revolução Francesa tenha trazido grandes mudanças para as atividades notariais e registrais, que continuavam a se desenvolver. "Somente com a Revolução Francesa que o notariado veio, paulatinamente, adquirir as feições conhecidas na atualidade" (Brandelli, 2009, p. 13). Conforme assinalam em suas pesquisas, os autores presentes na obra de Brandelli (2009) reconstituem que a Assembleia Nacional Constituinte, firmada por Decreto de 29 de setembro de 1791 (confirmado em 6 de outubro do mesmo ano pela Assembleia Legislativa), realizou diversas mudanças no direito e, subsequentemente, à instituição notarial.

Aboliu-se, por esse decreto, a venalidade e a hereditariedade dos ofícios notariais que, conforme vimos anteriormente, haviam sido instituídos durante o período monárquico francês. Ainda foram abolidos os notários reais, senhoriais, apostólicos e outros de mesmo gênero, instituindo-se, em contrapartida, conforme Brandelli (2009, p. 13), os **notários públicos**, "encarregados de lavrar os atos de sua competência e de imprimir-lhes o caráter de autenticidade próprio dos documentos públicos":

> *A sua instituição era vitalícia e não podiam ser demitidos senão por prevaricação; a determinação do número e residência dos notários foi reservada ao poder legislativo, ao qual devia para isso servir de base, nas cidades, a população e, nos campos, a distância dos centros populosos e a extensão do território combinadas com a população. Foi prescrita aos notários a obrigação de residência e foram habilitados a exercitar as suas funções dentro de todo o departamento para o qual eram nomeados. Foi declarado que os atos notariais seriam executórios em todo o reino, ainda que fossem impugnados por falsidade até julgamento definitivo [...]. Foi, entretanto, estatuído que, quando a execução de um ato tivesse de realizar-se fora do departamento do notário que o lavrou, deveria a firma do notário ser legalizada pelo juiz do tribunal em cuja matrícula estivesse inscrito. Foi estabelecido que todo notário deveria depositar no tesouro nacional, a título de caução, uma determinada importância, que variava*

> *de 2.000 a 4.000 francos, conforme fosse o notário de cidade, vila ou burgo. Ficou prescrito que os ofícios de notário não pudessem ser providos senão por concurso e que os aspirantes deveriam provar ter satisfeito a obrigação da inscrição cívica, ter vinte e cinco anos completos e ter feito, sem interrupção, oito anos de prática. Destes, os primeiros quatro podiam ser feitos no escritório de algum solicitador, advogado ou notário de qualquer parte do reino, e os últimos quatro necessariamente perante um notário do departamento em que tivesse lugar o concurso.* (Brandelli, 2009, p. 13-14)

Após todas essas mudanças, foi instituída a *Lei de 25 Ventoso* (assim denominada em razão da data do calendário revolucionário de 25 do Ventoso do ano 11, equivalente à data de promulgação da lei no calendário gregoriano), do ano XI, de 16 de março de 1803, conhecida simplesmente como a *Lei de Ventoso*. Essa legislação estabelecia novas organizações para a atividade notarial francesa e confirmava, dessa maneira, muito do que já havia sido instituído com a lei de 1791 durante a Constituinte revolucionária. Dessa maneira, ficam claros os motivos pelos quais a França se caracterizou como uma das mais fortes bases das atividades notariais e registrais.

Com o desenvolvimento que vimos até aqui, os notários tornaram-se funcionários públicos, aos quais cabia a prerrogativa de lavrar os atos e os contratos que as partes devessem ou quisessem realizar.

1.9 Desenvolvimento dos serviços extrajudiciais na Espanha

Na **Espanha**, o precedente dos serviços notariais e registrais é encontrado em um código de leis chamado *Fuero real*, elaborado em 1255 pelo monarca Alfonso X, o Sábio. O documento objetivava sanar a fragmentação legislativa quando a Espanha ainda se encontrava dividida em reinos. Segundo Brandelli (2009, p. 16): "Aqui se encontra o primeiro precedente da forma notarial no testamento outorgado com a intervenção do notário e, por isso, se o tem [sic] como a origem da instituição na Espanha".

Demoraria alguns séculos para que surgisse uma lei definitiva que regulamentaria os serviços notariais e registrais espanhóis. Isso ocorreu em 28 de maio de 1862 com a Lei do Notariado, composta por 48 artigos, oriunda de um projeto de lei apresentado em 1859 ao Senado espanhol por José Joaquín Cervino. Ainda de acordo com Brandelli (2009), a lei vigora até hoje.

1.10 Desenvolvimento dos serviços extrajudiciais no Brasil

A atividade notarial e registral em **nosso país** teve início com o período de Descobrimento do Brasil, especificamente em 1º de março de 1500. "Trata-se da carta escrita por Pero Vaz de Caminha a El Rei de Portugal D. Manuel, considerada como 'a certidão de nascimento' do Brasil" (Anoreg-BR, 2013, p. 111). Embora Caminha não fosse oficialmente o escrivão da armada, era ele quem narrava oficialmente a descoberta e a posse de novas terras para a Coroa Portuguesa. Antes, porém, de seguirmos nessa bela história que percorre o surgimento dessa atividade no Brasil, precisamos ressaltar um ponto de suma importância para tal compreensão histórica.

Como você pôde acompanhar até aqui, estamos a tratar – e cremos que isso já tenha ficado bastante claro com nossa investigação – de um **serviço fundamental** para a boa organização de uma sociedade civil. Dito isso, a apuração sobre o surgimento dos serviços notariais e registrais no Brasil precisa antes passar por uma revisão histórica da forma como ocorriam em Portugal, que naturalmente seriam trazidas ao território brasileiro durante o período em que fomos uma Colônia portuguesa.

Por isso, é importante ressaltarmos mais uma vez que, se é verdade, por motivos autoevidentes, que os serviços notariais e registrais brasileiros descendem diretamente daqueles encontrados em Portugal, também é uma realidade que esses serviços estão longe de ser uma mera herança esquecida de nossa colonização portuguesa, confundindo-se, na verdade, com a história da própria civilização humana.

De acordo com Saul António Gomes, em Portugal, o aparecimento dos tabelionatos remonta ao reinado de D. Afonso II (1211-1222), configurando-se no governo de tal monarca com um aperfeiçoamento dos meios que sustentavam a produção legislativa (Gomes, 2000). Uma das hipóteses para o desenvolvimento das notas e dos registros portugueses seria a de que o país foi uma das primeiras monarquias soberanas e cristãs a delimitar suas fronteiras territoriais e políticas – precisamos lembrar, afinal, que nesse período Portugal era uma das maiores potências do planeta.

> *Neste ponto e/ou problema emerge, na visão habitual da historiografia portuguesa sobre a questão, a justificação da autoridade real. É certo, cremos, que ela terá desempenhado um papel integrado essencial, mas isso não significa, necessariamente, que seja a coroa o motor único ou o mais primacial de tal modelo [...].* (Gomes, 2000, p. 245)

Sob o reinado de D. Afonso III surgiram os primeiros "pacotes legislativos" régios sobre o tabelionato português, período em que também ocorreram as primeiras reformas do notariado, baseando-se em referências como o direito romano e as tendências da Escola de Bolonha. "De notar, entretanto, que, desde o século XII, a Igreja vinha a incentivar o desenvolvimento de um notariado público legitimado ao qual cumpriria estabelecer os atos ou instrumentos jurídicos *in publicam formam*" (Gomes, 2000, p. 246).

Lisboa, desde 1257, já contava com, pelo menos, um tabelião de notas, e em 1264 há menção ao *Livro de notas dos tabeliães*. "Mas foi só no reinado de D. Dinis (1279-1325) que surgiram, em 12 e 15 de agosto de 1305, as primeiras normas referentes, especificamente, à atividade dos tabeliães" (Balmori-Padesca, 2017, p. 2). Após as leis de D. Dinis e até o final do século XIX, data da primeira Lei Orgânica do Notariado em Portugal, a atividade seria regida principalmente pelas ordenações do reino. Encontramos, em carta de D. Dinis, datada de 1281, uma ordem para que os tabeliães anotassem todas as coisas em que os "juízes não fazem justiça", com o objetivo de estabelecer uma espécie de vigilância do rei.

Registra Brandelli (2009) que, posteriormente, vieram as Ordenações Afonsinas, em meados do século XV (1447); as Ordenações Manuelinas, em 1521; e as Ordenações Filipinas, em 1604. "Até as Ordenações Manuelinas, havia os tabeliães gerais, que podiam escrever em qualquer cidade, vila, concelho [divisões administrativas], porém, foram extintos com as Ordenações Filipinas" (Brandelli, 2009, p. 19).

Conforme vimos, as condições dadas mudariam em 1899, isto é, ao fim do século XIX, quando diversas alterações ocorreram no ofício notarial e registral. Relacionado à instituição, o Decreto de 23 de dezembro fixou o número de ofícios e as regras para as suas expansões ou suspensões, estruturou a atividade e criou o Conselho Superior do Notariado.

Em 1949, os notários portugueses passaram a ser funcionários públicos, tanto no que se refere à função quanto à relação jurídico-laboral. Passaram a ser funcionários do Estado, sendo por este remunerados, embora em moldes significativamente diferentes da generalidade dos funcionários públicos. Esse cenário encontraria paralelo no Brasil durante a Ditadura Militar, quando o então presidente Ernesto Geisel tentou estatizar os serviços notariais e registrais brasileiros, com o chamado *Pacote de Abril*.

Posteriormente, em Portugal, em 1995, foi aprovado o primeiro diploma legislativo que consagrava a liberalização do notariado português, que acabou sendo vetado pelo presidente da época. O governo seguinte voltou a consagrar a privatização do notariado como uma das reformas a se concretizar. O governo que se seguiu, no entanto, voltou a abandonar a reforma do notariado e qualquer movimento no sentido da liberalização ou da privatização.

Em 2004, esse caminho foi retomado pelo governo português, que concluiu o que antes havia sido paralisado. "O notariado português, que já há um bom tempo vinha acompanhando a evolução do notariado latino europeu, padecia da mácula de permanecer ainda no rol dos funcionários públicos, consistindo isso em um forte entrave ao seu ingresso no grupo dos melhores notariados latinos" (Brandelli, 2009, p. 20).

Com o pacote legislativo publicado em 2004, nomeadamente os Decretos-Leis n. 26/2004 e n. 27/2004, ambos de 4 de fevereiro – que aprovam, respectivamente, o Estatuto do Notariado e o Estatuto da Ordem dos Notários –, o Estado português deu expressão legal à reforma e à modernização do notariado português, convidando os notários a trocar o funcionalismo público pela iniciativa privada. Portugal passou, assim, com o início dessas funções sendo realizadas por profissionais liberais, em 2005 e de um momento para o outro, a dispor de um notariado moderno e eficaz.

> *Diante da profunda mudança da estrutura notarial em Portugal, surgiu uma situação de transição, de dois anos, durante a qual se permitiu a existência ainda dos notários públicos anteriores à reforma, aos quais foi concedido optar por manter-se nessa situação pelo prazo assinalado, findo o qual passaram a existir somente notários privados.* (Brandelli, 2009, p. 22)

O fundo de compensação, criado pelo Decreto-Lei n. 27/2004, para o qual todos os notários têm obrigatoriamente de contribuir com uma participação fixada na lei e que se destina a garantir a remuneração mínima a estes, assegura a existência de, pelo menos, um notário privado em cada sede de concelho, mesmo naqueles onde vão sendo encerrados serviços públicos de primeira necessidade.

De acordo com a Ordem dos Notários de Portugal (2007), a "intervenção do notário de hoje nada tem de burocratizante. O notário presta um serviço de qualidade, com celeridade e eficácia, continuando a garantir a segurança jurídica, condição indispensável ao desenvolvimento econômico".

Em Portugal, o notário, sendo um profissional liberal, só tem razão de existir porque é um oficial público que representa o Estado. É em nome deste que o notário assegura o controle da legalidade, conforma a vontade das partes à lei e dá garantia de autenticidade aos atos em que intervém, como delegatário da fé pública – a qual é uma prerrogativa exclusiva do Estado.

A essa altura, estavam instituídos os serviços registrais e notariais em Portugal. No contexto histórico, durante os séculos XV e XVI, os europeus, principalmente portugueses e espanhóis, lançaram-se nos oceanos Pacífico, Índico e Atlântico com dois objetivos principais: descobrir uma nova rota marítima para as Índias e encontrar novas terras. Esse período ficou conhecido como a *Era das Grandes Navegações e Descobrimentos Marítimos*. Nessas aventuras históricas, registra-se que o tabelião acompanhava as navegações, sendo propriamente um integrante da armada das expedições marítimas. Como vimos, o primeiro "tabelião brasileiro" foi Pero Vaz de Caminha, o qual, embora não fosse oficialmente escrivão, acabou por narrar minuciosamente a conquista de uma nova terra e o alvorecer de uma nova nação. O texto por ele escrito é rico em detalhes, descrevendo com pormenores a descoberta. O tabelião Angelo Volpi Neto (2001, p. 88) chega até mesmo a afirmar que "a histórica carta escrita por ele se assemelha a uma ata notarial". Um ato que, conforme veremos ao longo deste livro, tem ressurgido no notariado brasileiro atual.

Com a descoberta da então chamada *Terra de Vera Cruz*, o direito de Portugal foi simplesmente importado para a Colônia, dando regulamentação aos notários brasileiros e, por isso, a importância do breve retrospecto que fizemos sobre a origem dos serviços notariais e registrais em Portugal. Em 1534 há um indício claro do que podemos considerar, hoje, um dos primeiros registros de terras de nosso país, quando o território recém-descoberto foi "dividido em 15 grandes lotes de terra denominados capitanias hereditárias. O uso dessas propriedades era repassado pelo Reino a terceiros – os capitães donatários – por meio de um documento chamado Carta de Doação, que pode ser entendido como o primeiro registro de imóvel do Brasil" (Anoreg-BR, 2013, p. 112).

Além desse, os capitães donatários também deveriam, obrigatoriamente, assinar outro documento, intitulado *Foral*, que continha as obrigações e os deveres das terras empossadas. Nesse registro já estava prevista a doação de sesmarias. "As capitanias tinham a atribuição de nomear seus tabeliães e escrivães" (Brandelli, 2009, p. 38). Hoje sabemos que o sistema das capitanias hereditárias não vingou, uma vez que apenas as capitanias de Pernambuco e São Vicente (atual São Paulo) conseguiram se desenvolver. Ainda assim, o modelo perdurou até 1759, quando foi extinto pelo Marquês de Pombal. É importante também nos lembrarmos de que, com o fim do Concílio de Trento, em 1593, os registros de nascimento, matrimônio e óbito foram obrigatoriamente instituídos em nações ligadas à religião católica, o que, é claro, era o caso de Portugal e sua Colônia.

Passado o ano de 1759, a responsabilidade pelo registro da posse das terras foi incumbida ao vigário da freguesia dos impérios, em uma prática que passou a ser conhecida como *registro do vigário*. Tratava-se de um formato imperfeito, pouco desenvolvido e sujeito a fraudes. Registra-se que é provavelmente desse período histórico que nasce a expressão "conto do vigário". "Esses agentes da Igreja cumpriam, então, a função de registradores. As terras não registradas eram consideradas devolutas, ou seja, passavam a incorporar o território das províncias" (Anoreg-BR, 2013, p. 113). Em 1804, a realidade dos registros em consonância com a atividade católica foi extinta por meio do Código Napoleônico, versando que a responsabilidade dos registros deveria passar da Igreja para o Estado; em nosso país, essa relação ainda teria um elo até próximo do fim do século XIX.

Em paralelo, no Brasil, ainda corria a realidade dos registros dos vigários, que perdurou até 1854, quando o imperador D. Pedro II promulgou, por meio de decreto, a Lei n. 601, que exigia a redação de contratos para a transmissão e oneração de imóveis por meio de escritura pública. "Esta legislação passou a exigir contratos para a transmissão e oneração de imóveis [...]. Com a regulamentação da Lei n. 601 é que surge o Cartório de Notas e é instituída a figura do tabelião" (Anoreg-BR, 2013, p. 114). Dez anos mais tarde, a Lei 1.237 criaria o Registro Geral, centralização registral que incorporou todos os direitos reais imobiliários, considerada um avanço no direito de propriedade brasileiro (Anoreg-BR, 2013).

Em 1875, outro decreto do imperador D. Pedro II faria os serviços notariais e registrais no Brasil avançarem, quando foram criados os "Cartórios de Registro Civil" no Brasil. "Esse início, no entanto, foi tímido e ficou registro a algumas cidades brasileiras (especificamente os grandes municípios)" (Anoreg-BR, 2013, p. 115).

Para compreendermos melhor o desenvolvimento das notas e dos registros no Brasil, devemos recordar que, nesse período histórico, estamos tratando de uma nação que precede por poucos anos a transição da Monarquia para a República. Com isso, cresciam as pressões positivistas pela legalidade, que, afinal de contas, estão até mesmo em nossa bandeira: ordem e progresso. A universalização do registro civil brasileiro aconteceu com um novo decreto, de 1888, instituidor da obrigatoriedade de registro de todos os nascimentos, casamentos e óbitos. Isso significa que, a partir desse movimento, o país começou a seguir as imposições do Código Napoleônico, diminuindo cada vez mais o poder de influência da Igreja Católica.

O rompimento dos laços com o movimento religioso se daria por completo a 15 de novembro de 1889, com a proclamação da República Federativa do Brasil. "Com isso, instituiu-se a obrigatoriedade de que todos os municípios brasileiros deveriam ter pelo menos um ofício de registro civil. Nas cidades brasileiras, foram criados cartórios exclusivos e especializados em registro civil. Nas pequenas cidades, os ofícios acumulavam funções" (Anoreg-BR, 2013, p. 116).

Para compreendermos melhor o desenvolvimento das notas e dos registros no Brasil, devemos recordar que, nesse período histórico, estamos tratando de uma nação que precede por poucos anos a transição da Monarquia para a República.

O grande marco de desenvolvimento desse serviço fundamental, contudo, é recente, tendo sido promulgado com a CF/1988, vigente atualmente. A Constituição foi o documento que norteou os preceitos e os princípios fundamentais das atividades de notas e registros, permitindo também o surgimento da Lei n. 8.935, de 18 de novembro de 1994 (Brasil, 1994) – a **Lei Orgânica dos Notários e Registradores**. "A Constituição também assegura a fé pública ao notário e registrador, estabelece que os tabelionatos e ofícios devam ter expediente de pelo menos seis horas diárias e determina que o ingresso na atividade seja feito por meio de concurso público" (Anoreg-BR, 2013, p. 117).

Registra Brandelli (2009, p. 62) que

A Lei Orgânica dos Notários e Registradores, que, com os defeitos que possa ter, com a amplitude que talvez tenha lhe faltado, inaugura, sem dúvida, uma nova fase para o notariado brasileiro, que paulatinamente tomará o lugar de relevo que lhe é tão devido no meio jurídico. [...] Deve-se apenas reiterar sua importância, de modo que se constitui um verdadeiro marco na história do notariado brasileiro [...] ao seu lugar de reconhecimento social e jurídico.

Essa análise conjuntural do professor Brandelli (2009) é de suma importância para que reflitamos sobre o futuro de nossa atividade. Os serviços notariais e registrais são significativamente valorizados em quaisquer regimes democráticos em constante progressão. Por isso, não seria diferente esperar que ganhem cada vez mais uma noção respeitosa também aqui no Brasil. É dessa forma que podemos continuar caminhando para o avanço de nosso ofício, auxiliando, consequentemente, a sociedade brasileira em seu pacto civilizatório.

Veremos, nas páginas a seguir, que propomos a chegada de um **novo momento** aos nossos serviços notariais e registrais: o seu **fortalecimento** como uma forma de mediação pela paz, isso por meio da desjudicialização, de maior aproximação com o Poder Judiciário e de estabelecimento de laços ainda mais íntegros com a população.

1.11 Sistemas registrais e sistemas notariais no mundo

Como são os **sistemas notariais** e **registrais** em alguns outros países do mundo?

Aqui veremos as formas como podem se desenvolver esses sistemas. Também perceberemos como o direito romano influenciou os serviços extrajudiciais, pois os serviços de registro remontam ao direito romano, e o sistema notarial mais utilizado também advém desse direito.

1.11.1 Sistemas registrais

No caso do **sistema registral**, o mais antigo descende do sistema romano, o qual, por sua vez, é oriundo do direito romano que investigamos nas páginas anteriores. Esse modelo foi elaborado sob o reinado de Justiniano I e dava ênfase à tradição solene (*traditionibus, non nudis pactis, dominia rerum transferuntur*, traduzido como "pela tradição e não por simples contrato transfere-se o domínio das coisas").

Outro sistema, o da França, é gerido com base no Código Napoleônico, adotado em quase toda a Europa e depois pelas colônias das potências europeias da época (inclusive Portugal e Brasil). Buscava simplificar os procedimentos registrais de forma que a transferência da propriedade decorria do próprio contrato (ou escritura); vem dessa época a praxe de que a transferência de todo domínio, posse, direito e ação se dava "por força da escritura". A prova do domínio, pois, era a escritura.

Por fim, o sistema germânico, presente na Alemanha, de forma semelhante ao que viria a se concretizar posteriormente, já havia detectado a dificuldade de obter informações de um imóvel, visto que a escritura poderia ser lavrada em qualquer lugar. Por isso, instituiu o registro imobiliário no lugar onde se situa o imóvel, destinado a operar a transferência do domínio e a tornar os encargos que gravam o imóvel oponível a terceiros, assegurando assim sua publicidade. Quando exigida a escritura pública, a força probante passou a ser a certidão do registro da escritura, tal como no Brasil, como veremos a seguir.

1.11.2 Sistemas notariais

Sobre os **sistemas notariais**, um aspecto fundamental que se refere ao notário é o sistema jurídico no qual está inserido. No caso do Brasil, adotamos o modelo de notariado do tipo latino ou romano-germânico. É o sistema mais disseminado no mundo, baseado no direito romano, tal como interpretado pelos glosadores a partir do século XI e sistematizado pelo fenômeno da codificação do direito, a partir do século XVIII. Pertencem à família romano-germânica as ordens jurídicas de toda a América Latina, de toda a Europa continental, de quase toda a Ásia (exceto partes do Oriente Médio) e de cerca de metade da África.

O **modelo latino**, adotado pelo Brasil e disseminado por mais de um terço da população mundial, fundamenta-se em três pilares fundamentais, não encontrados nos demais modelos de notariados: 1) **aconselhamento**, que permite aos interessados serem orientados pelos notários; 2) **imparcialidade**, pela qual o notário precisa se pautar no aconselhamento, buscando a melhor aplicação do direito vigente, e não o interesse de uma das partes, sendo assim um legítimo mediador; 3) **independência**, visto que o notário é delegatário de função pública e a exerce com autonomia responsável, mediante fiscalização do Poder Público, mas sem subordinação hierárquica aos seus órgãos. Além dessas características, o notário do modelo latino redige instrumentos públicos que gozam de presunção de legalidade, de exatidão e de veracidade (Misquiati, 2015).

Outros países têm buscado adotar o modelo, como é o caso do Haiti que, após a tragédia do terremoto que afetou sua capital, Porto Príncipe, em 2010, tem recebido auxílio do Brasil para "redesenvolver" seus serviços notariais e registrais.

Em diversos países de tradição romano-germânica, o direito é organizado em códigos. Os exemplos principais são os códigos civis francês e alemão – *Code Civil* e *Bürgerliches Gesetzbuch*, respectivamente. É típico desse sistema o registro escrito das normas de direito. Outra característica dos direitos de tradição romano-germânica é a generalidade das normas jurídicas, que são aplicadas pelos juízes aos casos concretos. Difere, portanto, do sistema jurídico anglo-saxão (*Common Law*), que infere normas gerais com base em decisões judiciais proferidas a respeito de casos individuais.

O notariado do tipo latino, oriundo dessa tradição romano-germânica, tem se expandido gradualmente. Um evento que marcou seu fortalecimento foi a fundação da UINL. A organização não governamental (ONG) foi fundada em 1948, na cidade de Buenos Aires (Argentina). Hoje representa 86 países e presta serviços consultivos para outras instituições de relevância mundial, como é o caso do Banco Mundial e da Unesco. Com essa perspectiva, uma reunião mundial da UINL fez nascer, em 8 de novembro de 2005, a conhecida *Carta de princípios* do sistema de notariado do tipo latino, ratificada pelos 86 países que o integram, incluindo o Brasil (UINL, 2005).

Reconhecidos como instrumento de eficácia internacional entre todos esses países, os princípios fundamentais do sistema de notariado do tipo latino apregoam a função notarial independente, exercida por um profissional do direito, com atribuição de conferir autenticidade aos atos jurídicos, além de aconselhar e assessorar os requerentes de seus serviços. A forma de exercício em caráter privado por delegação do Poder Público também se encontra contemplada pela CF/1988, além de disposições gerais acerca da formalização dos documentos notariais, de sua organização e de princípios éticos a serem observados no exercício da profissão.

Dessa forma, qualquer documento notarial produzido por um notário do tipo latino, respeitados os aspectos formais e substanciais, goza de presunção quanto à veracidade daquilo que contém – ressalvada prova em contrário –, devendo produzir todos os efeitos dele decorrentes pela presunção de legalidade e de legitimidade a ele inerentes, segundo a fé pública depositada nos agentes públicos.

1.12 Modernização dos serviços notariais e registrais

Imagine que você queira se comunicar com um amigo que mora em outro estado ou em outro país. Como você pode fazer isso? Por meio de uma carta com aviso de recebimento enviada pelos Correios? Por telex? Aliás, você sabe o que é – ou era – o telex? Possivelmente você não enviaria um telegrama, mas um *e-mail*, ou até mesmo se comunicaria por mensagem de vídeo por meio de seu computador particular, não é verdade?

Da mesma forma que vivemos em um mundo em constante transformação, assim tem sido o cotidiano dos serviços notariais e registrais brasileiros, que, ao contrário do que se costuma propagar, estão bastante longe de estarem estagnados no tempo.

Sabemos que a troca de documentos e informações pela internet é cada vez mais comum. Os documentos eletrônicos estão ganhando espaço no meio legal e já estão sendo aceitos como documentos jurídicos. Hoje em dia, podemos afirmar com segurança que os arquivos digitais valem tanto quanto os documentos em papel, pois derivam, basicamente, da mesma tecnologia da inteligência que investigamos desde a origem da civilização humana, especificamente na Suméria, como vimos.

Das pinturas rupestres para a tabuleta de argila, da tabuleta de argila para a pena e o pergaminho, da pena e o pergaminho para as máquinas de escrever e, finalmente, das máquinas de escrever para os computadores digitais modernos. É necessário que tenhamos em vista que a mudança está nos suportes utilizados, mas não na essência dessas atividades.

Desde o princípio, o ser humano utiliza-se da escrita como forma de transmissão de pensamento para que possa dialogar entre seus semelhantes. Dessa forma, os serviços notariais e registrais surgem como instituição que fundamenta e medeia o direito dos homens gerado com base nessas relações humanas, sempre pelo caminho da paz, como ressaltamos anteriormente. São, portanto, essenciais para o bom ordenamento de sociedades democráticas. Dito isso, tais conceitos são importantes para que verifiquemos o desenvolvimento desses serviços no Brasil no que tange à sua digitalização com a permanência dos intrínsecos valores jurídicos.

Os serviços notariais e registrais surgem como instituição que fundamenta e medeia o direito dos homens gerado com base nessas relações humanas, sempre pelo caminho da paz, como ressaltamos anteriormente.

> *O advento da Informática está provocando uma mudança jamais vista no Direito. [...] É inegável o fato de que a ciência jurídica ganhou corpo à medida que os homens começaram a gravar suas relações no papel [...]. Desde então, criou-se toda uma cultura jurídica em torno da escrita, da assinatura, do arquivamento, da reprodução, do original e dos bens tangíveis de uma forma geral. Eis que agora surge outra realidade, completamente diversa de tudo até agora conhecido. O meio eletrônico é um suporte que exige, no mínimo, clareza para a compreensão de um novo paradigma.* (Volpi Neto, 2001, p. 33)

A validação dos meios digitais é possível pela técnica da ***criptografia***, termo que tem origem nas palavras gregas *krytós* (que significa "oculto" ou "escondido") e *grafos* (que significa "grafia" ou "escrita"), pois permite que se oculte uma informação, proporcionando, assim, a segurança para as certificações digitais. Por sua vez, quando falamos de documentos digitais, precisamos compreender que não estamos mais a falar de átomos, mas, sim, de *bits*.

E o que são os *bits*? De acordo com Nicholas Negroponte (2005, p. 10), fundador do Laboratório de Meios de Comunicação do MIT:

> *um bit é algo que, como a água, não tem cheiro, não tem cor. Porém seus (não) atributos são mais que esses. Um bit também não tem tamanho ou peso e é capaz de viajar à velocidade da luz. Ele é o menor elemento atômico do DNA da informação. É um estado: ligado ou desligado, verdadeiro ou falso, para cima ou para baixo, dentro ou fora, branco ou preto – e é fragílimo [...]. Pode estar em tudo que for relativo à informação. Eis que, a princípio, toda informação (escritos, desenhos, sons e imagens) é passível de ser digitalizada e, por consequência, transformada em bits.*

Certamente a modernização, por todos os seus sistemas e suas ferramentas, é assunto para pesquisas à parte. No entanto, não podemos nos abster de tratar de alguns temas pelos seus elementos fundamentais.

1.12.1 Certificação digital

A participação do notário nas transações eletrônicas agrega confiabilidade ao sistema, "além do que, com sua capilaridade, permite que as certificações contem com a presença física desse profissional" (Volpi Neto, 2001, p. 91). Nesse contexto emerge, portanto, a importância da **certificação digital**, que é um documento digital, comprovador de que uma chave privada pertence a determinada pessoa. Numa assinatura digital, é utilizado o certificado digital e a chave privada correspondente.

A certificação digital é um conjunto de processos e técnicas que dão maior segurança às comunicações e às transações eletrônicas. Ela evita que os dados transmitidos sejam interceptados ou adulterados no trajeto entre a máquina do remetente e a do destinatário, além de identificar o autor da mensagem. Técnica com mais de duas décadas de existência, popularizou-se com a internet e devido à necessidade crescente de agilizar processos e substituir por *bits* as pilhas de papel existentes.

Os dois principais elementos da certificação digital são o **certificado e a assinatura digitais**, que têm como base a criptografia, técnica usada para codificar dados que trafegam pela internet. Juntos, esses dois elementos comprovam a identidade de uma pessoa ou de um *site* e evitam fraudes nas transações eletrônicas.

O certificado digital é uma espécie de documento baseado no código binário, no qual são arquivadas as informações capazes de realizar a identificação de algo ou alguém (uma pessoa, uma máquina, uma instituição) que esteja querendo transmitir informações por meio da internet. Esse certificado é emitido tanto para pessoas físicas e jurídicas quanto para equipamentos e aplicativos.

A certificação digital é um conjunto de processos e técnicas que dão maior segurança às comunicações e às transações eletrônicas.

A emissão do documento é delegada a uma entidade dotada de confiabilidade, nominada *Autoridade certificadora*, incumbida de associar ao solicitante um par de chaves criptografadas (pública e privada) associadas entre si. Por meio dessas chaves, o documento eletrônico torna-se completamente ilegível, podendo trafegar de uma central a outra de forma sigilosa e segura. Isso porque, enquanto a chave pública codifica o documento, a chave privada associada faz o trabalho de decodificação. Da mesma forma, uma assinatura digital também pode ser associada à criptografia dos certificados digitais, de modo que, se for alterada, o documento eletrônico é automaticamente invalidado.

Em comparação com os documentos físicos dos cidadãos, o **certificado digital** seria o equivalente à sua **carteira de identidade**, enquanto a **assinatura digital** seria o **carimbo de um tabelião** para conceder autenticidade por meio de fé pública a um documento.

Tais elementos, junto à tecnologia da criptografia, garantem a autenticidade, a integridade, o não repúdio à transação e a confidencialidade da informação. Portanto, o certificado digital indica que as partes são mesmo quem dizem ser, e que a transação *on-line* é legítima, autêntica, segura e não sofreu alterações ao longo do caminho.

Uma das características do certificado digital é a segurança que ele proporciona às transações *on-line*. Para entender isso, vamos voltar ao conceito de *criptografia* – palavra de origem grega que significa "escrita oculta". Na prática, ela é um mecanismo milenar usado para cifrar mensagens, tornando-as incompreensíveis a quem não tem acesso às chaves que as decifram.

Existem **dois tipos de criptografia** atualmente: a simétrica e a assimétrica. A **simétrica** cifra e decifra uma informação por meio de algoritmos que usam a mesma chave pública. Essa chave é compartilhada pelas duas partes envolvidas na comunicação. Tomemos como exemplo uma comunicação simples entre Paulo e André. Os dois computadores têm dados que precisam ser enviados e um algoritmo de encriptação. O computador de Paulo codifica os dados enviados ao computador de André, usando uma frase (chave) para cifrar o documento. O computador deste último recebe esses dados e, para decifrá-los, usa a mesma chave de Paulo.

A criptografia **assimétrica**, também conhecida como *chave pública*, trabalha com duas chaves distintas, a pública e a privada, que são relacionadas matematicamente. Uma depende totalmente da outra e sua segurança depende do número de *bits* (tamanho) das chaves. Uma mensagem codificada com uma chave pública só pode ser decodificada com a chave privada a ela relacionada e vice-versa. Enquanto uma codifica, a outra decodifica.

Voltemos ao exemplo anterior. Paulo envia um documento sigiloso a André. Para garantir a confiabilidade da comunicação, aquele usa a chave pública de André para codificar o documento. Se quem recebeu o documento for mesmo o André, ele vai usar sua chave privada (associada àquela chave pública) para decodificar o documento (Ribeiro, 2017).

1.12.2 Assinatura digital

A **assinatura digital** é uma tecnologia que permite dar garantia de integridade e autenticidade a arquivos eletrônicos. É um conjunto de operações criptográficas aplicadas a determinado arquivo, tendo como resultado o que se convencionou chamar de *assinatura digital*. Também conhecida como ***assinatura numérica***, segundo o notário italiano Raimondo Zagami (citado por Volpi Neto, 2001, p. 52), é "um conjunto de caracteres alfanuméricos resultantes de complexas operações matemáticas de criptografia efetuadas por um colaborador sobre um documento eletrônico (texto, imagem, som etc.)".

Segundo Volpi Neto (2001, p. 53), a definição contida na revista *National Notary Association*, editada e publicada nos Estados Unidos, expõe que a assinatura digital é uma forma específica de tecnologia que encripta o conteúdo de uma mensagem eletrônica e a identidade de seu subscritor, usando dois códigos complementares – a chave pública e a chave privada.

Em termos práticos, a assinatura digital permite comprovar que a mensagem ou o arquivo não sofreu qualquer deturpação, bem como foi assinado pela entidade ou pessoa que possui a chave criptográfica utilizada na assinatura. De acordo com Oliveira (2017), esse processo pode ser exemplificado da seguinte forma:

» Para trabalhar adequadamente com a assinatura digital, criptografando conteúdos, "é empregada uma função *hashing*, que gera um valor pequeno, de tamanho fixo, derivado da mensagem que se pretende assinar", cuja rapidez independe do tamanho da mensagem ou do conteúdo, "para oferecer agilidade nas assinaturas digitais, além de integridade confiável" (Oliveira, 2016, p. 7)
» Esse mecanismo serve, portanto, "para garantir a integridade do conteúdo da mensagem que representa"; por isso, após o valor *hash* de uma mensagem ter sido calculado pelo emprego de uma função *hashing*, "qualquer modificação em seu conteúdo – mesmo em apenas um *bit* da mensagem – será detectada, pois um novo cálculo do valor *hash* sobre o conteúdo modificado resultará em um valor *hash* bastante distinto" (Oliveira, 2016, p. 7).

Isso significa que o signatário de um documento, ao aplicar a função *hash*, gera uma espécie de "impressão digital" deste, permitindo, assim, validar sua integridade. No Brasil, com a criação da Infraestrutura de Chaves Públicas Brasileira (ICP-Brasil), por meio da edição da Medida Provisória n. 2.200-2, de 24 de agosto de 2001 (Brasil, 2001), foram estabelecidos os padrões de certificação digital no Brasil.

É bom esclarecer que a assinatura digital não é uma imagem digitalizada da assinatura física do interessado, mas um processo mais seguro (embora não infalível, como qualquer técnica humana), totalmente eletrônico; não há um emblema visual, e sim uma assinatura criptográfica. A obtida por meio de *scanner* não é digital, mas mera representação, e sua utilização não agrega segurança ou confiabilidade ao documento que a contém, ao contrário da assinatura digital, que comprova a origem e a integridade do documento.

1.12.3 Como utilizar a certificação digital nos serviços notariais e registrais?

Da mesma forma como ocorre no reconhecimento de firma no meio impresso, são exigidas algumas formalidades para o reconhecimento digital. O primeiro deles – e imprescindível – é que o solicitante do serviço seja portador de um certificado digital legalmente expedido por uma autoridade certificadora vinculada à ICP-Brasil. De posse desse certificado, podem ser realizados reconhecimentos em qualquer meio eletrônico, do *e-mail* às gravações em discos ópticos. Ao receber os documentos, o tabelionato realiza a leitura e faz a validação da certificação digital.

As autenticações de documentos eletrônicos seguem os procedimentos adotados nas autenticações de suporte físico; portanto, os valores cobrados são os mesmos.

1.12.4 Central Notarial de Serviços Eletrônicos Compartilhados (Censec)

Neste ponto, em que estamos tratando de tantas tecnologias nos tabelionatos e ofícios, devemos mencionar a **Central Notarial de Serviços Eletrônicos Compartilhados (Censec)**. Você já ouviu falar dela?

Trata-se de um serviço do Conselho Nacional de Justiça (CNJ) em acordo com o Conselho Federal do Colégio Notarial do Brasil, o qual efetivamente opera o serviço. Sua finalidade é gerenciar um banco de dados de testamentos, procurações e escrituras públicas de qualquer natureza, inclusive separações, divórcios e inventários lavrados em todos os cartórios do Brasil. Em outras palavras, é uma maneira de os cartórios e as pessoas físicas, quando for o caso, terem acesso aos registros públicos lavrados em qualquer parte do Brasil, para garantir o acesso à informação de forma mais rápida e precisa. Entre outros dados armazenados, estão as assinaturas dos tabeliães brasileiros para os fins de dar sinal público – com acesso restrito aos tabeliães, é claro.

As funções da Censec, descritas no provimento n. 18, do CNJ, de 28 de agosto de 2012, são:

> Art. 1º [...]
>
> I. interligar as serventias extrajudiciais brasileiras que praticam atos notariais, permitindo o intercâmbio de documentos eletrônicos e o tráfego de informações e dados;
>
> II. aprimorar tecnologias com a finalidade de viabilizar os serviços notariais em meio eletrônico;
>
> III. implantar em âmbito nacional um sistema de gerenciamento de banco de dados, para pesquisa;
>
> IV. incentivar o desenvolvimento tecnológico do sistema notarial brasileiro, facilitando o acesso às informações, ressalvadas as hipóteses de acesso restrito nos caso de sigilo;
>
> V. possibilitar o acesso direto de órgãos do Poder Público a informações e dados correspondentes ao serviço notarial. (Brasil, 2012)

O funcionamento da central é dividido em módulos, cada um com função bem definida no art. 2º do mesmo provimento:

> Art. 2º [...]
>
> I. Registro Central de Testamentos On-Line – RCTO: destinado à pesquisa de testamentos públicos e de instrumentos de aprovação de testamentos cerrados, lavrados no país;
>
> II. Central de Escrituras de Separações, Divórcios e Inventários – CESDI: destinada à pesquisa de escrituras a que alude a Lei nº 11.441, de 4 de janeiro de 2007;

> III. Central de Escrituras e Procurações – CEP: destinada à pesquisa de procurações e atos notariais diversos;
> IV. Central Nacional de Sinal Público – CNSIP: destinada ao arquivamento digital de sinal público de notários e registradores e respectiva pesquisa. (Brasil, 2012)

A lei referida no inciso II do art. 2º – Lei n. 11.441, de 4 de janeiro de 2007 (Brasil, 2007a) faz referência às escrituras de inventário e partilha, separação e divórcio consensuais (pois os casos litigiosos são resolvidos perante o Poder Judiciário). Logo, cabe aos tabeliães manterem na Censec o registro de tais atos para unificação. Conforme o art. 3º do provimento, a Censec é "integrada, obrigatoriamente, por todos os Tabeliães de Notas e Oficiais deRegistro que pratiquem atos notariais, os quais deverão acessar o Portal da Censec na internet* para incluir dados específicos e emitir informações para cada um dos módulos anteriormente citados [...]" (Brasil, 2012).

* Você pode conhecer mais sobre a Censec acessando o *site* oficial: <http://www.censec.org.br>.

Síntese

Conhecendo a história das serventias, compreendemos com mais eficiência as funções que elas exercem nos dias de hoje, cooperando para a paz social. A presunção de veracidade dos atos praticados pelos notários no exercício da função contribui enormemente para o efetivo cumprimento de suas finalidades, não sendo mera prerrogativa do agente, mas uma garantia para os usuários do serviço.

Questões para revisão

1) A tecnologia de assinatura digital é baseada em um par de chaves criptográficas: a pública e a privada. Com base nisso, analise as sentenças a seguir.

   I. A chave pública é guardada pelo seu proprietário, também chamado *titular do certificado*, e utilizada para assinar os documentos.
   II. A chave pública é distribuída livremente dentro do certificado, para permitir a validação das assinaturas.
   III. A chave privada é distribuída livremente dentro do certificado, para permitir a validação das assinaturas.
   IV. A chave privada é guardada pelo seu proprietário, também chamado *titular do certificado*, e utilizada para assinar os documentos.
   V. Ambas as chaves são públicas, com a diferença de que a chave privada tem acesso restrito a todas as pessoas que precisam verificar a autenticidade do documento.

   É correto apenas o que consta em:

   a. I e III.
   b. V.
   c. II e IV.
   d. I e IV.
   e. II e III.

2) Ao investigarmos as origens dos serviços notariais e registrais, percebemos que eles têm relação mais próxima do que imaginamos com o processo evolutivo da humanidade. Hoje sabemos que, desde a sua aurora, o ser humano percebeu a necessidade de inscrever em pedra a realidade ao seu redor, ou seja,

registrar a própria história. Sobre a origem dos sistemas notariais e registrais, assinale a alternativa correta:

a. O surgimento dos serviços notariais e registrais data do império romano, mais especificamente de Justiniano I, inventor dos métodos escriturais.
b. Os escribas egípcios registravam documentos, sendo que o mais antigo encontrado data da vinda de Jesus Cristo ao mundo.
c. Platão, um dos grandes pensadores da Europa medieval, defendeu a liberdade de registro como meio que permitia avançar a civilização.
d. As Escrituras Sagradas fazem referência aos registros, mas de forma negativa, como uma crítica à preservação da memória.
e. Os serviços notariais e registrais, ainda que de forma rudimentar, existem desde os sumérios, que inventaram a escrita e já registravam seus acontecimentos.

3) Sobre o procedimento a ser adotado pelos tabelionatos para o registro, na forma legal, de atos praticados em meio digital, analise as assertivas a seguir.

I. O solicitante do serviço deve ser portador de um certificado digital.
II. O solicitante do serviço precisa apenas ter carteira de identidade, cuja imagem será digitalizada para servir como certificação digital.
III. O certificado digital deve ser expedido por autoridade certificadora vinculada à ICP-Brasil.
IV. O tabelionato realiza a leitura e faz a validação da certificação digital.
V. O reconhecimento do documento pode ser realizado apenas em CD-ROM.

É correto apenas o que consta em:

a. I e V.
b. I, III e IV.
c. II, III e IV.
d. II e IV.
e. I, II, III e V.

4) Que modelo de notariado é utilizado pelo Brasil? Quais são as principais características desse modelo?

5) Julgue a afirmativa a seguir como **verdadeira** ou **falsa**, de acordo com o que você estudou. Depois, justifique sua resposta.

"A Grécia Antiga, bastante avançada em conquistas sociais, como a democracia, não dedicou a mesma atenção aos serviços de registro, de forma que o mundo grego representou um retrocesso em relação ao notariado".

Questões para reflexão

1) A certificação digital é a solução definitiva para evitar fraudes e prevenir os problemas de segurança enfrentados pelos sistemas de tecnologia?

2) Compare o desenvolvimento dos serviços extrajudiciais na França, na Espanha e no Brasil. O que há de comum entre eles, e o que os diferencia?

Para saber mais

A certificação digital, que vem sendo adotada em larga escala apenas recentemente, é fonte de inovações tanto na tecnologia quanto na legislação que regulamenta seu uso. Para aprofundar seu conhecimento sobre as leis existentes e propostas discutidas, como a adoção de novos padrões criptográficos, acesse a página do Instituto Nacional de Tecnologia da Informação (ITI):

BRASIL. Instituto Nacional de Tecnologia da Informação. **Legislação.** Disponível em: <http://www.iti.gov.br/legislacao>. Acesso em: 12 jun. 2017.

II

Tabelionatos e ofícios de registro: temas gerais

Conteúdos do capítulo:

» Temas fundamentais de tabelionatos e ofícios de registro.
» A relevante função dos tabelionatos e ofícios de registro.
» A criação dos tabelionatos e ofícios de registro nos dias de hoje.
» A divisão dos serviços extrajudiciais.

Após o estudo deste capítulo, você será capaz de:

1. relacionar institutos fundamentais dos serviços extrajudiciais, como a fé pública;
2. explicar os requisitos para delegação, pelo Estado, da atividade extrajudicial;
3. discernir as diferentes espécies de serviços extrajudiciais.

A **organização** dos serviços extrajudiciais (notariais e registrais) apresenta uma lógica funcional de fácil compreensão quando os dividimos segundo os interesses da sociedade. Isso vai desde o nascimento de um cidadão, passando pelo casamento, à aquisição de bens, transmissão de poderes e muitos mais atos, até chegar ao óbito.

Neste capítulo vamos analisar os aspectos pertinentes tanto aos ofícios de registro quanto aos tabelionatos. Veremos a organização dos serviços, isto é, como são divididos; trataremos dos nomes utilizados, das competências, da delegação e da fé pública, entre outros temas.

2.1 Definição

A memória humana, precisamente por ser *humana*, é falha. Como bem afirmou David McRaney (2012):

> *É possível que se houvesse um registro de tudo que você já fez, ele raramente combinaria com a forma como você lembra? Pense em todas as fotografias que o deixaram espantado quando se viu em um lugar que você tinha deletado completamente da memória. Pense em todas as coisas que seus pais contaram sobre a sua infância das quais você não tem a mínima lembrança ou se lembra de outra forma. Mas você ainda tem um sentido de memória e experiência contínua. Os detalhes desaparecem, mas o quadro geral da sua vida persiste.*

Como argumentado, a memória humana é falha para **detalhes**, embora, normalmente, tenha noção do todo. Mesmo o registro documental, quando particular e sob guarda de uma pessoa, facilmente se perde com o tempo.

Uma das principais funções dos serviços registrais e notariais é, precisamente, registrar alguns detalhes da vida em local público, armazenado de modo profissional e de forma permanente. Esse registro ocorre quando uma pessoa procura, para tanto, os serviços notariais e registrais, fazendo-o quando é exigido o registro público pela lei ou, mesmo inexistindo mandamento legal, quando o interessado reconhece a importância desse ato.

De acordo com o texto oficial da Lei n. 8.935, de 18 de novembro de 1994, conhecida como ***Lei dos Cartórios*** (Brasil, 1994), serviços notariais e de registro são os de organização técnica e administrativa destinados a garantir publicidade, autenticidade, segurança e eficácia dos atos jurídicos. O notário, ou tabelião, e o oficial de registro, ou registrador, são profissionais do direito, dotados de fé pública, aos quais é delegado o exercício da atividade notarial e de registro.

É claro que nem todos os atos que passam por um tabelionato são armazenados para sempre. Há **atos protocolares** e **atos não protocolares**. Os primeiros são mais solenes, armazenados no arquivo do tabelionato por tempo indeterminado, por exemplo, os testamentos e as escrituras públicas. Os segundos cumprem uma função para o particular, sem que o tabelionato guarde o registro, como as autenticações de cópias de documentos e o reconhecimento de firma.

Uma das principais funções dos serviços registrais e notariais é, precisamente, registrar alguns detalhes da vida em local público, armazenado de modo profissional e de forma permanente.

2.2 Criação dos serviços extrajudiciais nos dias de hoje

A Constituição Federal (CF) de 1988 (Brasil, 1988), no parágrafo 1º do art. 236, determinou que se criasse uma lei para regular as atividades, disciplinar a responsabilidade civil e criminal dos notários, dos oficiais de registro e de seus prepostos e definir a fiscalização de seus atos pelo Poder Judiciário.

Foi precisamente a Lei n. **8.935/1994**, a **Lei dos Cartórios**, que dispôs sobre a atividade notarial e registral como um todo: a natureza e os fins dos serviços notariais e de registro, dos titulares dos serviços e de seus prepostos (escreventes e auxiliares); as atribuições, o ingresso na atividade, a responsabilidade civil e criminal, as incompatibilidades e impedimentos, os direitos e deveres, as infrações disciplinares e as penalidades, a fiscalização pelo Poder Judiciário, a extinção da delegação e, inclusive, a seguridade social aplicada aos notários e registradores.

Apesar de a Lei dos Cartórios ser exemplar em sua regulamentação, específica e minuciosa, ela foi tardia: da data da promulgação da Constituição vigente (1988) até o advento da Lei dos Cartórios (1994), houve uma lacuna de seis anos, a qual abriu brechas para discussões legais, principalmente sobre os concursos públicos – tema que trataremos quando chegarmos ao tema *delegação*.

Perguntas e respostas

Por que a própria Constituição não regulamentou os serviços notariais e registrais, em vez de apenas prever que uma lei o faria? Pense um pouco...

Resposta: A CF/1988 apenas estabeleceu a necessidade de uma lei para regulamentar tais serviços porque, embora reconhecesse a importância de serem ditadas as regras sobre a matéria, o Poder Constituinte não poderia estabelecer o funcionamento de todo o país por meio de um único documento, a Constituição. Por esse motivo, várias leis foram previstas na Constituição para criação futura, por exemplo, o Código de Defesa do Consumidor, previsto no art. 5º, inciso XXXII, que surgiu dois anos depois de previsto, em 11 de setembro de 1990, pela Lei n. 8.078 (Motta, 2013).

Vistas as definições e a criação dos serviços extrajudiciais na contemporaneidade, importa agora estabelecer a forma como estes se dividem.

2.3 Divisão dos serviços registrais e notariais e suas funções

A Lei dos Cartórios estabelece a divisão dos serviços registrais e notariais em razão de suas **funções**. De acordo com seu art. 5º, são sete categorias, as quais descrevem os serviços prestados em determinado local sob a titularidade de:

> Art. 5º [...]
> I. tabeliães de notas;
> II. tabeliães e oficiais de registro de contratos marítimos;
> III. tabeliães de protesto de títulos;
> IV. oficiais de registro de imóveis;
> V. oficiais de registro de títulos e documentos e civis das pessoas jurídicas;

VI. oficiais de registros civis das pessoas naturais e de interdições e tutelas;

VII. oficiais de registro de distribuição. (Brasil, 1994)

Essas diferentes competências são também chamadas de *naturezas*, sendo estas, portanto, as **sete naturezas** dos serviços registrais e notariais.

A abrangência dos serviços prestados em cada local vem delimitada em seus meios de divulgação, como página da internet do tabelionato e fachada da serventia, para que haja conhecimento do público e dos potenciais usuários.

As funções de cada um dos tabelionatos e ofícios serão demonstradas nos tópicos específicos a cada um dentro desta obra.

2.4 Nomenclatura

Ao pensarmos na expressão *serviços extrajudiciais*, podemos perguntar, em primeiro lugar: O que é "**serviço**"?

> *Serviço, do latim* servitiu, *corresponde às atividades desempenhadas a título oneroso ou gracioso a terceiros. Os estabelecimentos onde o titular delegado pelo Poder Público outorga seus conhecimentos e poderes são conhecidos como serviço, podendo variar conforme a função, sendo então de notas ou de registro.* (Machado; Amaral, 2008, p. 3)

A CF/1988 estabelece, em seu art. 236, que os serviços extrajudiciais, também denominados *cartórios* e assim conhecidos popularmente, são contemplados pela legislação como *serviços notariais e de registro*.

Aos que realizam esses serviços, de modo geral, dá-se o nome ***escreventes***, que trabalham em serventias. Os escreventes podem participar dos serviços extrajudiciais (escreventes, ou mesmo serventuários extrajudiciais) ou da estrutura do Poder Judiciário, como serventuários judiciais. Os titulares dos serviços extrajudiciais são os notários, tabeliães, oficiais de registro, registradores ou, popularmente, os chamados *cartorários*. Os serviços de notariado e de registro são chamados, em alguns estados, de *foro extrajudicial* (Paraná, 2015).

Os estabelecimentos que praticam os serviços extrajudiciais são os ofícios e os tabelionatos. Ambos podem ser chamados, também, de *serventias* – por exemplo, os tabelionatos de notas podem ser denominados *serventias de notas*. O Código Civil – Lei n. 10.406, de 10 de janeiro de 2002 (Brasil, 2002) –, nomeia os locais de serviços extrajudiciais de *cartórios* (por exemplo, no seu art. 1.227).

Perguntas e respostas

Como são chamadas as pessoas responsáveis pelos serviços extrajudiciais? Quem são as pessoas que trabalham nos tabelionatos e ofícios de registro?

Resposta: Aos responsáveis por tais locais de registro, seus titulares, a lei alcunha de *notário* ou *tabelião*, *oficial de registro* ou *registrador*. "*Notário*, ou *tabelião*, e *oficial de registro*, ou *registrador*, são profissionais do direito, dotados de fé pública, a quem é delegado o exercício da atividade notarial e de registro" (Brasil, 2004, grifo do original).

Portanto, sob a denominação legal, o que se conhece como *cartório de notas* é o tabelionato de notas, no qual é titular o tabelião ou notário. O titular pode ter auxiliares, chamados de *prepostos*.

O antigo cartório de registro civil é mais bem denominado *ofício de registro civil*, no qual exerce sua função o oficial de registro, também podendo contratar auxiliares e assim por diante. Sendo assim, há o tabelionato de protestos de títulos, o ofício de registro de imóveis, o ofício de registro de títulos e documentos e registro civil de pessoas jurídicas, além do ofício de registro civil das pessoas naturais (Carvalho Filho, 2017).

Em suma, nos termos da lei:

Ofício é o local de titularidade de um oficial de registro, também chamado *registrador*, no qual ocorrem registros absolutos referentes a coisas (venda de imóvel) e a pessoas, tanto físicas (nascimento, nome, casamento) quanto jurídicas (criação, razão social, extinção).

Tabelionato é o local de titularidade de um tabelião, também denominado *notário*, no qual ocorrem a lavratura de documentos, o reconhecimento de firmas, entre outros atos.

O mesmo delegatário, excepcionalmente, pode acumular as duas funções, hipótese na qual os dois nomes são adotados com o conjuntivo ***e***. Por exemplo: 2º Ofício de Registro Civil e 1º Tabelionato de Notas de Botucatu/SP.

A regra, segundo o art. 26 da Lei dos Cartórios, é que não sejam acumuladas as funções, exceto em municípios que não comportarem, em razão do volume dos serviços ou da receita, a instalação de mais de um dos serviços.

Quem atribui esses nomes, bem como a respectiva divisão de tarefas, é a Lei 8.935/1994. Curiosamente, pelo reconhecimento popular do termo *cartório*, ela é chamada, como já mencionamos, na descrição oficial, de *Lei dos Cartórios*, embora a própria lei, em seu corpo, não utilize esse termo.

A opção das serventias extrajudiciais pela utilização do termo *cartório*, para mais fácil identificação, não é incomum e em nada impede o regular funcionamento. Costuma-se adotar o título *cartório* – por exemplo, "Cartório Godoy" – especificando ao lado ou abaixo do nome o seu enquadramento, no caso, "Primeiro Ofício de Notas e Registro Civil do município e comarca de Porto Velho, Estado de Rondônia" (Cartório Godoy, 2017b).

O importante é que o nome adotado não induza a erros e que sejam reconhecidas suas funções no local em que se exerce a atividade.

2.5 Delegação: requisitos para o exercício da atividade

As atividades notariais e de registro são funções de utilidade pública exercidas por **delegatários** – particulares que recebem **delegação** do Poder Público para o exercício da atividade.

> Até a promulgação da CF/1988, o concurso de ingresso ocorria nas comarcas, promovido pelo juiz corregedor, visando dar provimento às serventias vagas. Havia também a possibilidade de permuta, o que propiciava ascensão, muitas vezes no âmbito familiar. O que é visto como virtuosa tradição digna de respeito e credibilidade em adiantados países do notariado latino, tornou-se entre nós sinônimo de privilégio. Atualmente, é necessário o ingresso na função por meio das **competências exigidas**, comprovadas pelo candidato em **concurso**. Havendo aprovação, o serviço público é delegado ao particular.

O art. 236 da CF/1988 dispõe que os serviços notariais e de registro "são exercidos em caráter privado, por delegação do Poder Público" (Brasil, 1988). *Delegação* é o ato do Poder Público de transferir o exercício de determinado serviço público a agente particular, havendo autorização constitucional ou legal para tanto. O agente que recebe a delegação é chamado de *delegatário* ou *delegado* (Knoplock, 2013).

Os agentes delegados são particulares que, por delegação do Estado, executam atividade ou serviço público em nome próprio, por sua conta e risco, mas sempre sob a fiscalização da Administração Pública. No caso das serventias, a fiscalização da atividade do particular é atribuição do Poder Judiciário. São exemplos de delegatários no Brasil: os leiloeiros públicos, os tradutores públicos, os titulares de ofícios e tabelionatos (Knoplock, 2013).

O **delegatário** do serviço notarial ou registral é **sempre** uma **pessoa física**, nunca uma pessoa jurídica, o que não impede que, para o melhor exercício de sua função, o agente concursado contrate escreventes substitutos e outros auxiliares.

Sobre a delegação de serviços públicos,

> *É claro que as relações sociais e econômicas modernas permitem que o Estado delegue a particulares a execução de certos serviços públicos. No entanto, essa delegação não descaracteriza o serviço como público, [uma] vez que o Estado sempre se reserva o poder jurídico de regulamentar, alterar e controlar o serviço. Não é por outra razão que a Constituição atual dispõe no sentido de que é ao Poder Público que incumbe a prestação dos serviços públicos.* (Carvalho Filho, 2011, p. 76):

Significa dizer que, apesar de a delegação transferir ao particular o exercício de serviço público, é como se o próprio Estado o estivesse prestando, em vista do seu poder de fiscalização e regulamentação, inclusive podendo ser responsabilizado por atos falhos dos delegatórios.

O titular de serviço extrajudicial é agente público, pois exerce uma função pública e é, portanto, chamado de *agente delegado*. O **notário** e o **registrador** não são servidores públicos, mas

agentes delegados. *Servidor público* é nome atribuído ao **detentor de cargo ou emprego** na Administração Pública.

Segundo o art. 236, parágrafo 3º, da CF/1988, "o ingresso na atividade notarial e de registro depende de concurso público de provas e títulos, não se permitindo que qualquer serventia fique vaga, sem abertura de concurso, por mais de seis meses" (Brasil, 1988). Os concursos são realizados pelo Poder Judiciário com participação, em todas as fases, da Ordem dos Advogados do Brasil (OAB), do Ministério Público, bem como de um notário e de um registrador, conforme rege o art. 15 da Lei dos Cartórios.

Segundo o art. 16 da mesma lei, as vagas são preenchidas de forma alternada: **2/3 por concurso público** de provas e títulos para ingresso na atividade; e **1/3 por meio de remoção**, via concurso de provas e títulos. Os concursos de remoção destinam-se aos agentes delegados que estejam dispostos a assumir outro ofício ou tabelionato. A esse concurso somente serão admitidos titulares que exerçam a atividade por mais de dois anos. A Lei dos Cartórios repete a Constituição ao afirmar, no art. 16, que não se admite que "qualquer serventia notarial ou de registro fique vaga, sem abertura de concurso de provimento inicial ou de remoção por mais de seis meses" (Brasil, 1994).

Apesar da exigência de concurso público de provas e títulos para ingresso na atividade, os agentes delegados não têm vínculo de trabalho com a Administração Pública e a eles não se aplicam as regras dos servidores públicos, como a aposentadoria compulsória por idade, disposta no art. 40 da CF/1988 (Knoplock, 2013).

Para a **delegação da atividade notarial ou registral**, são necessários **seis requisitos** fixados em lei (Lei dos Cartórios, art. 14). Deve o delegatário: a) ser brasileiro; b) ter capacidade civil; c) ser habilitado em concurso público; d) estar quite com as obrigações eleitorais e militares; e) ter diploma de bacharel em direito; f) ter conduta condigna para o exercício da profissão.

Afora o último requisito, que é subjetivo e, portanto, passível de questionamento, os demais podem ser comprovados com documentos, de modo claro e preciso, sem abrir margem para dúvidas.

Há uma **exceção** quanto ao requisito de ser bacharel em direito. "Ao concurso público poderão concorrer candidatos não bacharéis em direito que tenham completado, até a data da primeira publicação do edital do concurso de provas e títulos, dez anos de exercício em serviço notarial ou de registro", conforme o art. 15, parágrafo 2º da Lei dos Cartórios (Brasil, 1994). Essa exceção acolhe apenas os escreventes, e não auxiliares de cartório. O entendimento do Superior Tribunal de Justiça (STJ) sobre a matéria é que: "O Auxiliar de Cartório, ainda que autorizado pelo titular da Serventia, não pode praticar ato notarial ou de registro" (Brasil, 2017). Como conclusão do próprio STJ,

> *somente os escreventes (substitutos ou juramentados) é que podem exercer, dentro dos limites legais, atividades inerentes ao serviço notarial ou de registro e, portanto, tendo exercido a função por mais de dez anos, embora não sendo bacharéis em direito, estão aptos a participar de concurso para provimento de vagas nos Serviços Notariais e de Registros Públicos.* (Brasil, 2007)

Temos aqui explicados os requisitos necessários para que uma pessoa se torne delegatária de uma serventia, tornando-se, assim, um agente público. Para que desempenhe sua função, é necessário que tenha legalmente garantido o que podemos chamar de um *grau de confiança* ou, mais propriamente, fé pública.

2.6 Fé pública

Em alguns atos e negócios, por determinação da lei ou por vontade dos interessados, procura-se obter maior segurança por meio de certeza jurídica, registrando-se tais atos, de maneira peculiar, perante um agente público. Essa segurança se dá porque os agentes públicos detêm **fé pública**.

A fé pública é a presunção de que o registrado em documento público lavrado por agente público, como o notário, no exercício de sua função, é verdadeiro. O art. 405 do Código de Processo Civil (CPC) – Lei n. 13.105, de 16 de março de 2015 – prescreve: "O documento público faz prova não só da sua formação, mas também dos fatos que o escrivão, o chefe de secretaria, o tabelião ou o servidor declarar que ocorreram em sua presença" (Brasil, 2015a). A fé pública é consignada aos notários e registradores como representantes do Estado em suas funções.

Fé pública é a presunção de veracidade de documentos e de registros efetivados por agente público no exercício de suas funções.

A fé pública corresponde à especial confiança atribuída, por lei, ao que é delegado (tabelião ou oficial) para que o que se declare ou faça, no exercício da função, tenha **presunção de verdade**.

É necessário sabermos que, se o documento for lavrado por agente público sem competência para aquele ato específico ou sem a observância das formalidades legais, a sua força é igual à de documento particular (art. 407, CPC), isto é, não é um documento dotado de fé pública.

A força probatória de um documento público é imensa. Conforme rege o CPC, em seu art. 411, inciso I: "Considera-se autêntico o documento quando o tabelião reconhecer a firma do signatário" (Brasil, 2015a).

O Código Civil, em seu art. 215, prescreve que a escritura pública faz prova plena do que nela se diz. Ainda que seja questionado o emprego da expressão *prova plena* pelo Código Civil – pois escritura pública se **presume verdadeira**, porém admite prova em sentido contrário –, a opção do legislador pelo seu uso denota a importância da escritura pública nos termos da lei, a qual, em verdade, reflete a valorização cultural e social que se atribui à fé pública.

Os atos dos notários e registradores, salvo ordem judicial em contrário, são públicos. O fato de serem agentes públicos, que registram atos públicos, é que garante a esses agentes a fé pública em todos os atos que subscrevem (Almeida, 2008, p. 135-136). É o que afirma a Lei n. 6.015, de 31 de dezembro de 1973, também conhecida como *Lei de Registros Públicos* (LRP):

> Art. 16. Os oficiais e os encarregados das repartições em que se façam os registros são obrigados:
> 1° a lavrar certidão do que lhes for requerido;
> 2° a fornecer às partes as informações solicitadas.
> Art. 17. **Qualquer pessoa pode requerer certidão do registro sem informar ao oficial ou ao funcionário o motivo ou interesse do pedido**. (Brasil, 1973, grifo nosso)

A fé pública tem abrangência tal que prescinde de qualquer ato posterior que confirme sua eficácia, seja de um órgão administrativo, seja do Poder Judiciário. Os agentes delegados dos serviços extrajudiciais têm fé pública suficiente em seus próprios atos, independentemente de homologação ou confirmação.

2.7 Competência

Cada tabelionato e cada ofício de registro têm **competência** para executar todos os atos dentro de suas funções na região para a qual recebeu a delegação. Essa região é definida de acordo com as normas estaduais e de acordo com o edital.

As **funções** exercidas pelas serventias são pontuadas na **lei** e em **outras normas** dos Estados, de acordo com a delegação outorgada, isto é, o titular concursado executará seu trabalho conforme as leis federais e as normas estaduais.

Você já passou em frente a uma serventia que tinha duas funções? É possível que um mesmo titular seja delegatário do serviço de notas e também do serviço de protesto de títulos?

A mesma serventia pode acumular duas ou mais atribuições, conforme vimos anteriormente, quando tratamos das nomenclaturas. Isso ocorre quando um estado prevê que, em determinado município, muito pequeno, não haverá interesse em concurso apenas para tabelionato de protesto de títulos, pela raridade com que seria utilizado; por isso, um mesmo concurso público outorga ao candidato vencedor o trabalho no tabelionato de protesto de títulos e, simultaneamente, no tabelionato de notas. No entanto, a regra é que não sejam acumuladas as funções, somente em caso de necessidade, como demonstrado nesse exemplo. É o que consta no art. 26 da Lei dos Cartórios.

Cada estado tem **autonomia** para **regulamentar os serviços extrajudiciais**, por meio de leis e de resoluções dos respectivos tribunais de justiça.

Oferecemos uma sugestão para você aumentar seu conhecimento. Como você sabe, os titulares das serventias são pessoas concursadas, e os concursos são divulgados por meio de edital. Por isso, recomendamos que você procure, na internet mesmo, um edital. Nele você verá como os estados realizam seus concursos, conhecendo os

* No caso do Paraná, acesse: <http://www.tjpr.jus.br>. Para as páginas de outros tribunais, altera-se a sigla do estado.

termos aplicados, inclusive sobre competência. Os termos que você pode utilizar para essa pesquisa são, por exemplo: *concurso público de provas e títulos para outorga de delegações de notas e de registro*. Você pode pesquisar termos diferentes de acordo com seu interesse, mas acesse sempre *sites* confiáveis, de preferência o portal do Tribunal de Justiça estadual*.

2.8 Contratação de funcionários

Conforme o art. 20 da Lei dos Cartórios, "Os notários e os oficiais de registro poderão, para o desempenho de suas funções, **contratar** escreventes, dentre eles escolhendo os substitutos, e auxiliares como empregados, com remuneração livremente ajustada e sob o regime da legislação do trabalho" (Brasil, 1994, grifo nosso).

Ainda, "Os escreventes poderão praticar todos os atos que o notário ou o oficial de registro autorizar", e somente estes (art. 20, § 3º, Lei dos Cartórios – Brasil, 1994). Os **escreventes substitutos** podem praticar todos os atos que lhe sejam próprios, simultaneamente com o notário ou o oficial de registro. Adiante, nesta obra, quando tratarmos dos tabelionatos de notas, veremos uma pequena exceção quando tratarmos de testamento.

O notário, ou o oficial de registro, é quem, a seu critério, decide quantos auxiliares e escreventes irá contratar, devendo comunicar ao juízo competente os nomes dos substitutos. Também determina que um desses substitutos será designado para responder pelo serviço nas ausências e nos impedimentos do titular.

Assim como vimos quando analisamos a delegação, os funcionários contratados para os serviços extrajudiciais também **não são servidores públicos**. Os prepostos das serventias são empregados como quaisquer outros de empresas particulares ou são prestadores de serviço, caso não haja relação de emprego. O funcionário não tem vínculo direto com o Poder Público e, por consequência, não tem os direitos de servidores públicos.

Síntese

Neste capítulo conhecemos as nomenclaturas utilizadas para os agentes delegados e as diversas espécies de serventias, as quais serão tratadas de forma especificada em capítulos posteriores. Cada unidade da federação tem competência para delimitar a forma em que são prestados os serviços, atendidas as normas federais gerais.

Nas serventias, reconhecemos o instituto da fé pública e a presunção de que o que está registrado em documento público, lavrado por agente público no exercício de sua função, é verdadeiro.

Questões para revisão

1) Atualmente, é necessário o ingresso na função por meio das competências exigidas, comprovadas pelo candidato. Qual alternativa expõe os requisitos exigidos pela Lei dos Cartórios para a delegação de um serviço notarial ou de registro?
   a. O agente delegado precisa ser brasileiro, civilmente capaz e habilitado em concurso público para obter a titularidade de um serviço extrajudicial.
   b. O agente delegado precisa ser brasileiro, civilmente capaz e habilitado em concurso público. Além disso, deve estar quite com as obrigações eleitorais e militares, ter diploma de bacharel em Direito ou dez anos de exercício em serviço notarial ou de registro e ter conduta condigna para o exercício da profissão.

c. O agente delegado precisa ser brasileiro ou naturalizado, civilmente capaz e habilitado em concurso público. Deve também ser reservista militar e advogado.
d. O agente delegado precisa ser brasileiro, civilmente capaz e habilitado em concurso público, tendo experiência prévia de trabalho em serviços extrajudiciais. Deve também ter cumprido os deveres militares e exercer a advocacia, função esta que perderá após sua aprovação.
e. O agente delegado precisa ser brasileiro ou ter dupla cidadania, capaz dos atos da vida civil e habilitado em concurso público regular. Deve estar quite com obrigações eleitorais e militares, bem como ser bacharel em Direito com declaração de idoneidade perante a Justiça Federal.

2) Em alguns atos e negócios, por determinação da lei ou por vontade dos interessados, procura-se obter uma maior segurança por meio de certeza jurídica, registrando-se tais atos de maneira peculiar perante um agente público, o qual detém fé pública. Qual das seguintes alternativas denota o significado de *fé pública*?
   a. É a presunção de veracidade de documentos e registros efetivados por agente público, dentro ou fora de suas funções.
   b. É a presunção de legitimidade, a qual é exclusiva dos notários para lavrar os atos públicos.
   c. É a presunção de legitimidade e de veracidade, a qual é exclusiva dos oficiais de registro para lavrar os atos públicos.
   d. É a capacidade de o agente público realizar os atos dos quais está incumbido.
   e. É a presunção de veracidade de documentos e registros efetivados por agente público no exercício de suas funções.

3) Sobre as funções dos prepostos dos serviços extrajudiciais contratados pelo titular para prestar auxílio às tarefas, assinale a alternativa correta:
   a. Os escreventes podem praticar todos os atos que o notário ou o oficial de registro lhe houver autorizado, além de outros atos que desejarem.
   b. Os escreventes substitutos nos tabelionatos de notas não podem praticar nenhum outro ato além de lavrar testamentos, sua única competência.
   c. Os escreventes substitutos nos tabelionatos de notas podem praticar todos os atos que lhe interessarem.
   d. Os escreventes podem praticar todos os atos que o notário ou o oficial de registro lhe houver autorizado, e somente estes.
   e. Os empregados das serventias extrajudiciais são servidores públicos por equiparação e, por isso, têm os mesmos direitos dos demais integrantes da Administração Pública.

4) Uma das principais funções dos serviços registrais e notariais é registrar alguns detalhes da vida em local público, armazenando-os de modo profissional e de forma permanente. Esse registro ocorre quando uma pessoa procura, para tanto, os serviços notariais e registrais, fazendo-o, quando exigido o registro público pela lei ou, mesmo inexistindo mandamento legal, quando o interessado reconhece a importância do registro. De acordo com o texto oficial da Lei dos Cartórios, o que são os serviços notariais e de registro?

5) Quem são os titulares dos serviços extrajudiciais e quais são suas funções?

Questões para reflexão

1) O agente delegado, por vezes, não consegue, sozinho, atender a toda a demanda de sua atividade pelo público e, por isso, necessita contratar funcionários. Como o agente delegado deve realizar a seleção? Qual perfil pessoal e profissional deve ser buscado nos futuros funcionários?

2) São vários os requisitos para a delegação do exercício das funções extrajudiciais. Essas exigências são necessárias ou excessivas? Poderia haver menos rigor, permitindo que qualquer particular interessado pudesse ser, por exemplo, registrador civil ou tabelião de notas?

Para saber mais

A fé pública é um instituto tão importante que é especialmente protegido em nosso ordenamento jurídico, com tipos penais que o tutelam. Para conhecê-los, consulte o **Código Penal** brasileiro (Decreto-lei n. 2.848, de 7 de dezembro de 1940), disponível no *site* do Planalto, no *link* informado a seguir. Alguns dos dispositivos que tratam da proteção à fé pública são o **art. 297** (falsificação de documento público), com pena de até seis anos de prisão, o **art. 299** (falsidade ideológica) e o **art. 300** (falso reconhecimento de firma ou letra).

BRASIL. Decreto-lei n. 2.848, de 7 de dezembro de 1940. **Diário Oficial**, Poder Legislativo, Rio de Janeiro, 31 dez. 1940. Disponível em: <http://www.planalto.gov.br/ccivil_03/decreto-lei/Del2848compilado.htm>. Acesso em: 12 jun. 2017.

III

Custas e emolumentos

Conteúdos do capítulo:

- » O significado da palavra *emolumentos*.
- » As custas e a taxa judiciária.
- » Hipóteses legais em que não são pagas as custas.
- » Hipóteses legais em que não são pagos os emolumentos.
- » Divergência de valores cobrados de estado para estado.

Após o estudo deste capítulo, você será capaz de:

1. conceituar o que são emolumentos e como são cobrados;
2. explicar como são definidos os valores dos emolumentos;
3. diferenciar custas e emolumentos.

Custas e **emolumentos** são conceitos próximos, pois se destinam à remuneração de um serviço público – porém, são distintos e, por isso, este capítulo iniciará explicando-os. Quanto aos emolumentos, analisaremos a forma como são fixados os valores pagos pelos interessados para uso dos serviços e as hipóteses de gratuidade. Quanto às custas, veremos o valor cobrado em cada estado.

3.1 Definição

Custas, *emolumentos* e *taxa judiciária* são expressões muito próximas quando se trata de processos judiciais. Em alguns estados, como Sergipe (2017), é criada uma tabela única, chamada de *Tabela de Custas e Emolumentos*, mesclando os dois institutos, parecendo que são *uma* e a *mesma coisa*, mas **não são**.

Você já se perguntou a diferença entre *custas* e *emolumentos*? Convém defini-los e distingui-los.

Os **emolumentos** são despesas pagas pelos usuários dos serviços notariais e de registro para custear a atividade. Pela lei, os notários e os oficiais de registro têm direito ao recebimento da totalidade dos emolumentos pelos atos praticados, segundo o art. 28 da Lei dos Cartórios – Lei n. 8.935, de 18 de novembro de 1994 (Brasil, 1994) –, salvo os casos legais de gratuidade.

Os emolumentos se diferenciam das **custas**, no sentido de que estas são praticadas para custear atos das escrivanias judiciais e secretarias em relação a processos judiciais. Ambos são distintos da **taxa judiciária**, que é o pagamento por uma contraprestação realizada pelo Poder Judiciário, cujo valor é imposto ao cidadão que se utiliza dos serviços sobre os quais ela recai.

A taxa judiciária compõe o valor total do serviço extrajudicial ou judicial. Porém, a verba relativa a ela deve vir discriminada à parte, como ocorre nas tabelas de custas e emolumentos publicadas pelos estados.

3.2 Valor dos emolumentos

A lei que estabelece normas gerais para a cobrança de emolumentos é a **Lei dos Emolumentos**, Lei n. 10.169, de 29 de dezembro de 2000 (Brasil, 2000). Nela é definido que cabe aos estados e ao Distrito Federal fixar os valores, podendo reajustá-los anualmente, atendendo, entre outras, às seguintes regras:

> Art. 2º [...]
>
> I. os valores dos emolumentos constarão de tabelas e serão expressos em moeda corrente do País;
>
> II. os atos comuns aos vários tipos de serviços notariais e de registro serão remunerados por emolumentos específicos, fixados para cada espécie de ato;
>
> III. os atos específicos de cada serviço serão classificados em:
>
> a) atos relativos a situações jurídicas, sem conteúdo financeiro, cujos emolumentos atenderão às peculiaridades socioeconômicas de cada região;
>
> b) atos relativos a situações jurídicas, com conteúdo financeiro, cujos emolumentos serão fixados mediante a observância de faixas que estabeleçam valores mínimos e máximos, nas quais enquadrar-se-á o valor constante do documento apresentado aos serviços notariais e de registro.

Dito isso, sabemos que os valores cobrados pelo mesmo serviço em ofícios registrais e tabelionatos do mesmo estado são os mesmos, pois é a **lei estadual** que define os preços.

Porém, a fixação de regras gerais por meio da lei não impede que haja absurdas divergências entre os estados. Podemos citar um exemplo: em 2015, a lavratura de uma ata notarial no Estado de Santa Catarina custava R$ 78,15 pela primeira folha, mais R$ 7,75 por folha excedente (Santa Catarina, 2015). Em São Paulo, no mesmo período, a lavratura de ata notarial custava R$ 338,71 pela primeira folha e R$ 171,03 por página adicional (CNB/SP, 2015).

Observe, a seguir, a diferença de valores cobrados entre os estados, apurados em 2015.

Tabela 3.1 – Valor praticado para realização da ata notarial por unidade da Federação

Estado	Valor da ata notarial
Acre	Sem deslocamento – R$ 82,15 Com deslocamento – R$ 205,50
Alagoas	Documentos extraídos da internet – R$ 300,00 Outras – R$ 200,00
Amapá	Documentos extraídos da internet – R$ 14,41 Sem deslocamento – R$ 57,66 Com deslocamento – R$ 144,14 Outras – R$ 115,32
Bahia	R$ 252,84
Ceará	R$ 55,26
Distrito Federal	R$ 96,20
Espírito Santo	R$ 108,35
Goiás	R$ 104,12
Maranhão	Primeira folha – R$ 137,80 Folha excedente – R$ 68,80
Mato Grosso	R$ 102,72
Mato Grosso do Sul	R$ 308,00
Minas Gerais	R$ 102,72
Pará	R$ 243,80
Paraíba	R$ 387,38
Pernambuco	R$ 250,00
Rio de Janeiro	Primeira folha – R$ 137,02 Folha excedente – R$ 20,52

(continua)

(Tabela 3.1 – conclusão)

Estado	Valor da ata notarial
Rio Grande do Norte	R$ 186,00
Rio Grande do Sul	Documentos extraídos da internet – R$ 12,50 Sem deslocamento – R$ 136,20 Com deslocamento, mais R$ 216,50
Rondônia	Primeira folha – R$ 188,70 Folha excedente – R$ 62,60
Roraima	R$ 97,75
Santa Catarina	Primeira folha – R$ 78,15 Folha excedente – R$ 7,75
São Paulo	Primeira folha – R$ 338,71 Folha excedente – R$ 171,03
Sergipe	Sem deslocamento – R$ 60,00 Com deslocamento – R$ 200,00
Tocantins	Até três páginas: R$ 200,00

Fonte: Elaborado com base em Confira o valor..., 2015.

A ata notarial, que será tratada a seguir nesta obra, foi utilizada como exemplo porque, embora prevista já desde 1994, na Lei dos Cartórios (art. 7º, inciso III), ela tem sido mais disseminada nos últimos anos e vem ganhando crescente atenção, principalmente para dar fé pública a fatos acontecidos em meio eletrônico, que podem ser apagados da rede e se perder se não for realizado o registro. Por essa razão, no Paraná, segundo estado brasileiro em que mais são registradas atas notariais, o número de lavraturas em 2014 cresceu 8,7% em relação ao ano anterior. Esse estado teve 8.288 atas notariais lavradas em 2014 e ficou atrás apenas de São Paulo, onde houve 9.688 lavraturas naquele ano (Com crimes..., 2015).

Para pesquisar

Você conhece o regulamento dos emolumentos do seu estado?

Para reflexão

É justo haver tanta divergência de valores para o mesmo tipo de serviço? Uma tabela nacional seria mais satisfatória para todos? Caso sim, qual órgão seria responsável pela fixação dos valores?

3.3 Proibição de cobrança arbitrária

Devemos ainda saber a respeito de alguns fundamentos essenciais sobre os emolumentos.

Imagine a seguinte situação:

> Você realizou um contrato de R$ 100,00 com Alex pela venda de um quadro de sua autoria, no qual pretende reconhecer firma. Para fazê-lo, pagou ao tabelião apenas R$ 1,00 por assinatura. Ao procurar o tabelionato novamente, dessa vez com um contrato de R$ 100.000,00, também pela venda de obra de sua autoria, o tabelião cobra de você R$ 1.000,00 por assinatura. Ao questioná-lo, ele responde que o preço para reconhecer firma é de 1% sobre o valor que está no contrato. Você, revoltado com o preço, que está absurdamente alto, recusa-se a pagar!
>
> Quem está certo: você ou o tabelião?

Nós estamos do seu lado, e o que dizemos é lei: emolumentos não podem ser cobrados com base no valor do negócio jurídico que as partes realizam (art. 3º, inciso II, Lei dos Emolumentos).

Por exemplo, é certo cobrar certo valor para escriturar de forma pública um negócio de compra e venda; porém, não podemos cobrar 1% sobre o valor do negócio. Senão, pense conosco: um contrato de R$ 1.000.000,00 de reais, embora não custasse mais para o tabelião em termos de serviço, seria impraticável para os interessados.

Conforme a regra do dispositivo legal citado, **não é possível cobrar sobre o valor do negócio**, nem mesmo em caso de transferência de imóveis: a taxa de registro segue um valor fixado em tabela, e não um percentual sobre o valor da venda, para que não haja sobrecarga de custas. Os emolumentos não servem para tirar o incentivo em registrar os atos, mas para remunerar o serviço praticado.

Não confundamos os emolumentos com os **impostos**. Estes sim são cobrados em percentual, chamado de *alíquota*, e seu pagamento correto, quando exigido, é apenas fiscalizado pela serventia extrajudicial – que não o cobra diretamente, mas exige comprovação do pagamento para efetuar o registro.

Também há a proibição de cobrar atos que demandarem ser refeitos por culpa do tabelião (art. 3º, inciso IV, Lei dos Emolumentos). Se você tiver de voltar ao tabelionato para refazer ou retificar um ato que foi lavrado de forma errônea, é a própria serventia que arcará com as custas de seu erro, e não você.

E, embora pareça óbvio, é disposição de lei e precisa ser reforçada: "É vedado cobrar: [...] III – das partes interessadas, quaisquer outras quantias que não estão expressamente previstas nas tabelas de emolumentos (art. 3º, inciso III, Lei dos Emolumentos – Brasil, 2000). Assim, por mais que haja argumentação de que um ato foi mais custoso para o tabelião do que ele previra, não é lícito cobrar um centavo além daquilo que está disposto na tabela oficial do estado, estabelecida em lei.

Conforme o art. 7º da Lei dos Emolumentos e o art. 32 da Lei dos Cartórios, o desrespeito a essas e outras normas legais, além da aplicação de outras penalidades previstas, por exemplo, no Código Civil e no Código Penal, sujeita o titular do tabelionato às penas específicas de multa, suspensão por 90 dias, prorrogável por mais 30 dias e, até mesmo, perda da delegação.

3.4 Gratuidade de registro civil

Consoante o art. 30 da LRP, "Não serão cobrados emolumentos pelo registro civil de nascimento e pelo assento de óbito, bem como pela primeira certidão respectiva" (Brasil, 1973). A **gratuidade** aqui estabelecida é **para todos**, independentemente de suas riquezas materiais.

Aqueles que forem reconhecidamente pobres estão isentos de pagamento de emolumentos pelas demais certidões extraídas pelo cartório de registro civil. O reconhecimento do estado de pobreza para fins de gratuidade será comprovado por declaração do próprio interessado ou a rogo, caso se trate de analfabeto. No caso do analfabeto, a declaração a seu pedido deve ser acompanhada da assinatura de duas testemunhas.

É **proibido**, sob pena de punição, **recusar a gratuidade**. O titular da serventia pode – caso se recuse a emitir gratuitamente certidão nos casos legais – sofrer as penas específicas de multa, suspensão por 90 dias (prorrogável por mais 30) e, até mesmo, a perda da delegação, segundo o art. 30, parágrafo 3º-A, da Lei de Registros Públicos (LRP) – Lei n. 6.015, de 31 de dezembro de 1973 (Brasil, 1973).

Conforme o parágrafo 4º do artigo citado, é proibido registrar nas certidões emitidas gratuitamente qualquer termo ou expressão que indique condição de pobreza ou semelhantes, "Certidão isenta de emolumentos devido à miséria do interessado". No máximo, deve constar apenas "isenta de emolumentos", sob pena de o titular e o responsável pelo ato serem responsabilizados com as penas legais.

3.5 Custas processuais

Nos processos judiciais, a parte que ajuíza a ação paga um valor, uma taxa, a título de custas iniciais, em tese destinada a cobrir o custo mínimo que o Estado tem com o processo. Cada um dos 27 entes da Federação define esse valor por meio de lei própria, com patamares fixados em razão do valor dado à causa.

Como cada unidade da federação tem sua lei, é fácil encontrar discrepância entre elas. Na tabela mostrada a seguir, foi realizada uma pesquisa com a seguinte pergunta-chave: *Se eu preciso entrar com processo judicial cobrando R$ 100 mil reais de um devedor, quando custa ingressar com uma ação de cobrança em cada estado brasileiro?*

Tabela 3.2 – Custo, por unidade da Federação, para ajuizar um processo judicial de cobrança de R$ 100 mil

Estado	Custas iniciais em hipotética ação de cobrança de R$ 100 mil
DF	R$ 435,47
RN	R$ 800,00
MG	R$ 931,23
SP	R$ 1.000,00
MT	R$ 1.000,00
TO	R$ 1.099,00
PR	R$ 1.165,00
CE	R$ 1.235,90
RR	R$ 1.446,34
AC	R$ 1.500,00
ES	R$ 1.500,00
RO	R$ 1.500,00

(continua)

(*Tabela 3.2 – conclusão*)

Estado	Custas iniciais em hipotética ação de cobrança de R$ 100 mil
AP	R$ 1.593,69
SC	R$ 1.775,00
AL	R$ 1.700,44
PE	R$ 1.921,92
PA	R$ 2.126,67
MS	R$ 2.156,00
SE	R$ 2.280,06
RS	R$ 2.500,00
RJ	R$ 2.529,46
BA	R$ 2.697,32
AM	R$ 3.282,33
GO	R$ 3.360,25
MA	R$ 4.055,20
PI	R$ 5.563,64
PB	R$ 6.676,35

Fonte: Adaptado de DF é unidade..., 2015.

Esse valor é devido independentemente de se ganhar ou não a ação judicial. Caso a parte que ajuizou a ação vença, a outra parte pode ser condenada a ressarci-la; porém, quem ingressou com a ação terá de pagar esse valor inicialmente.

Para reflexão

Você consegue perceber, na Tabela 3.2, qual é o estado que mais onera a pessoa que vai ingressar com uma ação? Há alguma razão para a diferença de custas processuais iniciais entre os estados?

3.6 Gratuidade de custas judiciais

Todas as pessoas devem pagar as custas judiciais e extrajudiciais? Quem é hipossuficiente – isto é, faltam-lhe recursos financeiros – pode se valer de um direito, mesmo que não possa pagar por ele?

Pessoas que não podem arcar com as custas de um processo judicial sem prejudicar o sustento próprio ou de sua família têm direito à **gratuidade**. Esse benefício é previsto no art. 5º, inciso LXXIV, da Constituição Federal de 1988 (Brasil, 1988) e é regulamentado pelo Código de Processo Civil (CPC) – Lei n. 13.105, de 16 de março de 2015 (Brasil, 2015a) – em seu art. 98.

Quando reconhecido o direito ao benefício, conforme o parágrafo 1º do art. 98 do CPC, a gratuidade abrange a **isenção do pagamento de**:

> Art. 98 [...]
>
> § 1° A gratuidade da justiça compreende:
>
> I. as taxas ou as custas judiciais;
>
> II. os selos postais;
>
> III. as despesas com publicação na imprensa oficial, dispensando-se a publicação em outros meios;
>
> IV. a indenização devida à testemunha que, quando empregada, receberá do empregador salário integral, como se em serviço estivesse;
>
> V. as despesas com a realização de exame de código genético - DNA e de outros exames considerados essenciais;
>
> VI. os honorários do advogado e do perito e a remuneração do intérprete ou do tradutor nomeado para apresentação de versão em português de documento redigido em língua estrangeira;
>
> VII. o custo com a elaboração de memória de cálculo, quando exigida para instauração da execução;

> VIII. os depósitos previstos em lei para interposição de recurso, para propositura de ação e para a prática de outros atos processuais inerentes ao exercício da ampla defesa e do contraditório;
>
> IX. os emolumentos devidos a notários ou registradores em decorrência da prática de registro, averbação ou qualquer outro ato notarial necessário à efetivação de decisão judicial ou à continuidade de processo judicial no qual o benefício tenha sido concedido. (Brasil, 2015a)

Em relação ao inciso IX do referido artigo transcrito, significa dizer que o notário e o registrador não receberão emolumentos, por ordem judicial, pelos atos praticados em processo no qual a parte interessada seja beneficiada com a gratuidade da justiça.

Os atos praticados **extrajudicialmente** – independentemente de processo judicial, por exemplo, requeridos diretamente pelo interessado – não são abrangidos pela gratuidade da justiça. Portanto, podem e devem ser cobrados normalmente, salvo se outra norma conceder a gratuidade para outros atos, como aquela vista anteriormente em relação a certidões do registro civil.

A Fazenda Pública não está sujeita à antecipação de custas e emolumentos, mas, em regra, não é isenta deles. Os atos judiciais praticados por requerimento desse órgão, do Ministério Público ou da Defensoria Pública não dependem de depósito prévio e são pagos apenas ao final pela parte vencida no processo (CPC, art. 91). Portanto, caso seja vencida, a Fazenda Pública deverá pagá-los, pois não é isenta em todos os casos, apenas tem o benefício do diferimento dos emolumentos (Brasil, 2009a, 2015b, 2011a).

Como exceção, a Fazenda Pública, seja qual for o ente (União, estados, Distrito Federal ou municípios), não paga custas nem emolumentos quando se tratar de execução fiscal – cobrança judicial da dívida ativa, conforme o art. 39 da Lei n. 6.830, de 22 de setembro de 1980 (Brasil, 1980).

Síntese

A atividade da serventia é remunerada diretamente pelos interessados que solicitam o serviço, conforme tabela de custas e emolumentos definida em lei em cada unidade da Federação. Alguns atos, porém, são gratuitos, para todos terem acesso a eles, independentemente de sua condição financeira.

Por lei, não são cobrados emolumentos pelo registro civil de nascimento, pelo assento de óbito, tampouco pela emissão da primeira certidão de cada um deles. São gratuitos, ainda, todos os atos notariais necessários à efetivação de decisão judicial cujo interessado seja beneficiário da gratuidade da justiça.

Questões para revisão

1) Nos processos judiciais, a parte que ajuíza a ação paga um valor a título de custas iniciais, uma taxa destinada, em tese, a cobrir o custo mínimo que o Estado tem com o processo. Sobre a taxa referida, analise as assertivas a seguir.
   I. Cada um dos 27 entes da federação define esse valor por meio de lei própria.
   II. O valor das custas é fixado em lei federal; portanto, é o mesmo gasto inicial para ajuizar a ação independentemente do estado.
   III. Somente precisa pagar as custas a parte que for perdedora da demanda.
   IV. Essas custas servem para remunerar as serventias extrajudiciais.
   V. As custas são fixadas por lei estadual e, por isso, podem variar – e efetivamente variam – de estado para estado.

Está correto apenas o que consta em:

a. I e V.
b. V.
c. II e III.
d. III, IV e V.
e. III e V.

2) Sobre os emolumentos, assinale a alternativa correta:

a. Os emolumentos são uma espécie de tributo, como o imposto, que as partes interessadas devem pagar para o registro dos seus atos.
b. Os emolumentos são a forma de remunerar os atos praticados pelas serventias.
c. *Emolumentos* e *custas* são sinônimos para designar o custeio dos processos judiciais pela parte que ajuíza a ação.
d. *Emolumentos* e *custas* são sinônimos para designar o custeio dos processos judiciais pela parte que perde a ação.
e. Os emolumentos são fixados de acordo com um percentual sobre a vantagem econômica auferida pelas partes.

3) Os emolumentos são despesas pagas pelos usuários dos serviços notariais e de registro para custear a atividade. Pela lei, os notários e oficiais de registro têm direito ao recebimento da totalidade dos emolumentos pelos atos praticados (art. 28, Lei dos Cartórios), salvo os casos legais de gratuidade. A respeito disso, quais são os atos isentos do pagamento de emolumentos?

I. A averbação de registros judiciais referentes a imóveis.
II. O registro, a averbação ou qualquer outro ato notarial necessário à efetivação de decisão judicial cujo interessado seja beneficiário da gratuidade da justiça, bem como atos indispensáveis à continuidade de processo judicial de interessado a quem tenha sido concedido tal benefício.

III. A averbação de registros judiciais referentes a bens, móveis ou imóveis.

IV. O registro civil de nascimento e a emissão da primeira certidão.

V. Aos reconhecidamente pobres, as certidões extraídas pelo cartório de registro civil.

VI. O assento de óbito, o registro de nascimento e a emissão de todas as certidões do registro.

VII. O assento de óbito e a respectiva emissão da primeira certidão.

Está correto apenas o que consta em:

a. III e VI.
b. I e VI.
c. II, IV e VII.
d. II, IV, V e VII.
e. IV, V e VII.

4) Conforme a Lei dos Emolumentos, os "atos comuns aos vários tipos de serviços notariais e de registro serão remunerados por emolumentos específicos, fixados para cada espécie de ato" (art. 2º, inciso II, da Lei n. 10.169/2000). Conforme essa lei, qual é a classificação dada aos atos para a fixação de emolumentos?

5) *Custas* e *emolumentos* são dois conceitos sempre presentes na vida dos serventuários, por, pelo menos, duas razões: o nome *emolumentos* não está presente no cotidiano fora das serventias, sendo assim difícil compreendê-lo no primeiro contato; e alguns estados criam uma tabela única, chamada de *tabela de custas e emolumentos*. Conceitue esses dois termos.

Questões para reflexão

1) As tabelas de emolumentos são fixadas em cada unidade da federação. Em sua opinião, seria mais justo se os valores fossem fixados em todo o território nacional?

2) Por qual razão há, em alguns casos, enorme diferença entre os estados nos valores dos emolumentos cobrados por ato praticado pelas serventias?

Para saber mais

As **tabelas de emolumentos** sofrem atualizações, normalmente, a cada ano, pela lei de cada estado. Para ficar atualizado, procure pela regulamentação do seu estado. Para comparação, você também pode verificar a página do Colégio Notarial do Brasil, acessando o item "Tabelas de custas e emolumentos". Note que as tabelas não indicam somente o valor total, mas especificam a quantia devida para remuneração do tabelião, a quantia referente ao imposto e assim por diante. Você poderá comparar as informações para verificar com quem fica o maior valor:

CNB/SP – Colégio Notarial do Brasil. Seção São Paulo. **Tabelas de custas e emolumentos**. 2016. Disponível em: <http://www.cnbsp.org.br/index.php?pG=X19OYWJlbGFzX2Vtb2xlbWVudG9z>. Acesso em: 12 jun. 2017.

IV

Notários e registradores

Conteúdos do capítulo:

» Princípios que são aplicados à atividade.
» Alguns dos principais deveres legais dos notários e dos oficiais registradores.
» Responsabilidade gerencial e funcional dos notários e dos registradores.

Após o estudo deste capítulo, você será capaz de:

1. explanar os princípios pertinentes à atividade notarial e registral;
2. reconhecer os deveres legais de notários e registradores no exercício da função;
3. relacionar alguns dos deveres e regulamentações pertinentes a essas funções, como o horário de atendimento e o aviso de gratuidade em alguns casos.

Conforme vimos, a Constituição Federal (CF) de 1988 (Brasil, 1988), em seu art. 236, estabeleceu que os serviços **notariais** e **registrais** brasileiros devem ser exercidos em caráter privado. É um serviço delegado pelo Poder Público, no qual os notários e os registradores se tornam responsáveis por gerenciar administrativa e financeiramente os ofícios, incluindo as despesas de custeio, com funcionários e investimentos necessários – como os sistemas informáticos para os novos tempos digitais que vivemos, por exemplo. Esse é um dos **deveres** dos agentes delegados.

Analisaremos aqui os princípios da atividade, o horário de atendimento ao público, bem como entraremos nos temas da responsabilidade gerencial e funcional dos notários e registradores.

4.1 Princípios

Você já ouviu falar de **princípios**, não é? Há pessoas que dizem: "Eu sigo os meus princípios!" Todo mundo tem, pelo menos, um princípio pelo qual vive, e com os serviços extrajudiciais não poderia ser diferente. Notários e registradores também têm alguns princípios, os quais vêm das normas do país.

O que exatamente são os princípios no conceito jurídico? Segundo Robert Alexy (2002), são mandamentos de otimização das normas, que penetram nelas para lhes dar maior significado e alcance. Caracterizam-se pelo fato de poderem ser cumpridos em diferentes graus. A medida imposta para o cumprimento do princípio depende: das possibilidades reais (fáticas), extraídas das circunstâncias concretas, e das possibilidades jurídicas existentes (Alexy, 2002).

Princípios são mandamentos de otimização das normas, que penetram nelas para lhes dar maior significado e alcance.

Resumindo, princípios são como uma bússola para um navegador; são pontos que buscam estabelecer linhas gerais de raciocínio e comportamento, que se materializam em ações cumpridas em diferentes graus, dependendo das outras normas e dos casos nos quais se deve aplicá-los. Estão interligados (raramente se aplica um único princípio por vez), podendo ser complementados, mas por vezes seus aspectos se intercruzam, confundindo sua ação.

Olhe ao seu redor: as normas são sempre as mesmas? Os tabelionatos são exatamente como eram há 30 anos ou há 10 anos? As leis, em geral, permanecem iguais? Você sabe que não. Nas atividades notariais e registrais, os princípios também se alteram com o decorrer do tempo, pois a única certeza que temos é que tudo muda.

O que nunca muda é o fato de que sempre haverá mudanças e transformações.

O comportamento e as mudanças sociais e legais acontecem conforme o progresso da atividade na sociedade. Conforme as necessidades aparecem, os serviços podem surgir, sempre em conformidade com a lei.

Você se lembra de que temos duas atividades diferentes nos serviços extrajudiciais? Quais são elas? O notariado e o registrariado. As atividades, embora muitas vezes complementares, são regidas de modo diferente. Por isso, os princípios que vamos estudar agora são os notariais, que se aplicam, na medida do possível, aos serviços extrajudiciais em geral (como o princípio da fé pública). Os **registrais** serão estudados quando tratarmos do registro de imóveis.

4.1.1 Ética

A **ética** é um princípio que advém da vida plena, não sendo exclusivo dos notários. Conforme expõe a filósofa Marilena Chaui (2008, p. 310):

> *Toda cultura e cada sociedade institui uma moral, isto é, valores concernentes ao bem e ao mal, ao permitido e ao proibido e à conduta correta e à incorreta, válidos para todos os seus membros. Culturas e sociedades fortemente hierarquizadas e com diferenças de castas ou de classes muito profundas podem até mesmo possuir várias morais, cada uma delas referida aos valores de uma casta ou de uma classe social. No entanto, a simples existência da moral não significa a presença explícita de uma ética, entendida como filosofia moral, isto é, uma reflexão que discuta, problematize e interprete o significado dos valores morais. [...] A filosofia moral ou a disciplina denominada* ética *nasce quando se passa a indagar o que são, de onde vêm e o que valem os costumes. [...] A filosofia moral ou a ética nasce quando, além das questões sobre os costumes, também se busca compreender o caráter de cada pessoa, isto é, o senso moral e a consciência moral individuais.*

A ética é **essencial**. Todavia, é ainda mais fundamental na prática notarial, em razão da fé pública que detêm os agentes delegados no exercício de sua função.

4.1.2 Princípio da fé pública

Quando um notário recebe do Estado a incumbência de sua atividade, recebe também o aval para buscar a paz social, garantindo e certificando que os atos jurídicos estejam justos e certos. Para que essa formalização seja efetiva, cabe àquele ato a expressão da verdade, ou seja, tudo aquilo que foi formalizado deve ser revestido de presunção de certeza, veracidade e legalidade.

À proteção dos atos dos agentes delegados em favor de toda a sociedade dá-se o nome de *fé pública*. Dessa forma, o notário é detentor da **fé pública**, presumindo que todo ato feito por ele é justo, certo e verdadeiro.

4.1.3 Princípio da Autoria e Responsabilidade

O notário tem por obrigação aconselhar e assessorar particulares na confecção de um ato para garantir publicidade, autenticidade, segurança e eficácia, sendo ele considerado **autor** do documento redigido e responsável por ele, uma vez que as partes o procuraram para que o ato tenha a fé pública.

Pressupomos a confiança depositada pelos particulares no notário, que, caso não siga esse princípio, pode ser responsabilizado civil e criminalmente por danos e prejuízos, quando houver dolo ou culpa na elaboração do documento notarial. Essas sanções cabem tanto ao titular quanto aos seus prepostos, como prevê o art. 22 da Lei dos Cartórios – Lei n. 8.935, de 18 de novembro de 1994 (Brasil, 1994).

4.1.4 Princípio do Controle da Legalidade

Como cabe ao notário adequar a vontade das partes às bases legais, acaba também controlando a **legalidade** do negócio. O notário é apenas um registrador da vontade dos interessados? Não, é claro que não! O notário não é um mero documentador, pois cabe a ele o dever de examinar o ato, devendo negá-lo, caso haja falha em algum dos requisitos legais.

Em um contrato realizado em tabelionato, por exemplo, é colhida a manifestação da vontade das partes, dando forma jurídica. Se o objeto for manifestamente **ilícito** – por exemplo, a compra e a venda de um tanque de guerra entre particulares –, não cabe ao notário registrá-lo, mas, sim, justificadamente, recusar-se e explicar a razão da impossibilidade.

Dizemos que o notário deve ser "malicioso", pensando em cada interessado como um potencial fraudador. Isso não significa presumir a má-fé (o que é vedado), mas, sim, prestar a máxima atenção naquilo que realiza. Caso aponha sua assinatura em um ato ilegal, o notário pode manchar sua imagem e dar margem a ter de indenizar eventuais prejudicados.

4.1.5 Princípio da Imparcialidade e Independência

O notário deve assessorar as partes, fazendo-as refletir sobre o ato assistido – porém, sem interferência na liberdade e na vontade de cada um, sem tomar parte ou interesse, devendo sempre esclarecer da melhor forma sobre o conteúdo do ato.

O notário deve se calar se perceber que um negócio jurídico está afetando gravemente o interesse de uma das partes? Pense por um momento.

Imagine a seguinte situação: um casal comparece perante o notário para realizar o divórcio. Embora estejam assistidos por um advogado conjunto, é patente que apenas a mulher, única apta ao trabalho, está sendo beneficiada com o ato, pois consta que todos os bens ficarão para ela e não haverá pensão após 30 anos de construção de uma vida familiar. O homem apenas assinará o ato ao final. Como o notário deve agir? Ele deve, no mínimo, deixar em termos claros para o homem que, ao assinar, ele abrirá mão de todos os bens amealhados durante o casamento e que não irá receber nada após a dissolução do vínculo conjugal.

O notário deve assessorar as partes, fazendo-as refletir sobre o ato assistido – porém, sem interferência na liberdade e na vontade de cada um, sem tomar parte ou interesse, devendo sempre esclarecer da melhor forma sobre o conteúdo do ato. Significa dizer, no nosso caso de exemplo, que o notário não pode impedir a mulher de assinar o documento.

Essa postura de **imparcialidade** do notário faz com que, em um caso de conflito, as partes tenham a figura do notário como a pessoa em quem podem confiar, permitindo segurança e a garantia do negócio jurídico.

4.1.6 Princípio da Unicidade do Ato

Imagine a seguinte situação: dois amigos querem fazer um contrato de compra e venda por escritura pública. Comparecem perante o tabelião em um dia. Como ainda querem pensar sobre o assunto, deixam metade do contrato preenchido, para completá-lo na semana seguinte. Depois de completo, voltam ao tabelionato no dia seguinte para assinar. Está correto esse procedimento? Em regra, não.

O ato deve ser elaborado **sem interrupção**, em um **rito contínuo**. A elaboração, a leitura, a coleta das assinaturas e o encerramento devem seguir essa linha de trabalho de uma única vez, em um único momento: o ato deve ser celebrado em tempo contínuo e em um mesmo lugar. Essa unidade do ato faz com que não existam interferências ou interrupções na sua lavratura.

Esse princípio faz com que as partes não possam alegar desconhecimento ou modificação do ato pelo decurso do tempo, além de garantir maior segurança a todos os envolvidos.

4.1.7 Princípio da Conservação

Quem deve conservar o documento público? O notário ou o interessado que requereu o registro?

Uma das atribuições do notário é a **conservação** de tudo e todo documento a ele confiado. Ele não exerce essa função como proprietário dos documentos, mas como fiel depositário e certificante que os documentos confiados são verdadeiros.

A conservação, para ser garantida e protegida contra perdas e destruição, antes feitas apenas em forma de livros, pode ser feita com processos auxiliares, como a microfilmagem e a utilização de formatos digitais.

4.1.8 Princípio do Dever de Exercício

A função do notário é social e pública. Nesse contexto, obedecendo aos princípios, ele é **obrigado a efetuar** todos os atos que cabem à função a ele atribuída.

A recusa injusta implica responsabilidade civil e administrativa.

4.1.9 Princípio da Forma de Ser

Como devem ser praticados os atos pelo notário? Devem ser escritos? Podem ser apenas falados? E para os particulares, há os mesmos requisitos?

Esse princípio, no caso dos notários, é a **exteriorização** do ato; ou seja, trata-se da existência do ato jurídico expresso e documentado de forma escrita para produzir os efeitos necessários.

Existem diversas formas; porém, a de existência passa pela intervenção do Estado na maneira como são exigidos os atos, por meio de leis e outras normativas. Nos documentos escritos entre particulares não existe essa intervenção, sendo livre a forma.

Na forma pública, feita pelo notário, existe essa intervenção, na qual, pela solenidade, o ato é perpetuado pelo instrumento público, garantindo segurança e publicidade. Em alguns documentos, a especificidade dessa perpetuidade do instrumento público propicia o desenrolar histórico do ato, como prova documental e jurídica.

4.2 Horário de atendimento

Agora que analisamos os princípios que norteiam a atividade, podemos e devemos estudar os **deveres** dos notários e registradores. Para seu cumprimento adequado, convém que seus auxiliares o amparem na atividade para garantir o melhor serviço. Em primeiro lugar, veremos o que diz o art. 4º da Lei dos Cartórios.

> Art. 4º Os serviços notariais e de registro são prestados de modo eficiente e adequado, em **dias e horários estabelecidos pelo juízo competente**, atendidas as peculiaridades locais, em lugar de fácil acesso ao público e que ofereça segurança para o arquivamento de livros e documentos [...]. § 2º O atendimento ao público será, no mínimo, de **seis horas diárias**. (Brasil, 1994, grifo nosso)

Conforme o art. 8º da Lei de Registros Públicos (LRP) – Lei n. 6.015, de 31 de dezembro de 1973 (Brasil, 1973) –, o serviço se inicia e finda, todos os dias úteis, no mesmo horário. Você entende o porquê dessa determinação legal? É para que haja segurança dos interessados sobre o horário, a fim de que saibam, sem sombra de dúvidas, o horário em que serão atendidos.

Já quando tratamos do registro civil de pessoas naturais, ele funcionará todos os dias, sem exceção, conforme o mesmo dispositivo legal. Não significa que tenha de estar aberto, mas, ao menos, deve haver possibilidade de solicitar o serviço por regime de plantão – o qual deve estar realmente disponível. Caso não esteja, podem ocorrer problemas, conforme consta na reportagem a seguir.

TJ/RS – Oficial de Registro Civil é condenado a indenizar por danos morais a homem que perdeu o velório do pai

segunda-feira, 10 de janeiro de 2011

Danos morais

A 9ª câmara Cível do TJ/RS manteve a condenação de um Oficial do Registro Civil de Esteio ao pagamento de R$ 4 mil por danos morais causados por funcionária sua. A servidora ausentou-se do plantão cartorário e não foi localizada, o que provocou o atraso do sepultamento do pai do autor da ação, além de impedir que este acompanhasse o velório.

Caso

O falecimento ocorreu no domingo 13/5/07, às 4h. O autor procurou a funcionária das 14h30 às 17h30 a fim de obter o registro de óbito, o que viabilizaria o sepultamento, mas a servidora não foi localizada nem em sua residência, nem pelo telefone indicado na porta do Cartório. Encontrada, expediu a certidão apenas às 17h41, o que atrasou em uma hora o sepultamento, que estava marcado para as 17h30.

O réu alegou que o autor teve diversos horários para fazer o registro do óbito do pai, uma vez que o falecimento ocorreu na madrugada de 13/05, data em que o cartório encontrava-se em regime de plantão. Disse ainda que o demandante poderia ter registrado o óbito dentro dos 15 dias posteriores à data do falecimento, conforme os termos da legislação federal. Acrescentou que o fato de o autor não ter podido prestar as últimas homenagens ao pai não pode ser atribuído a si.

Apelação

Em seu voto, a relatora do acórdão, desembargadora Íris Helena Medeiros Nogueira, citou a sentença proferida pelo juiz de Direito Lucas Maltez Kachny, da 2ª vara Cível da comarca de Esteio. Na decisão, o magistrado avaliou que, se o registro de óbito é lavrado em qualquer horário, o réu agiu com culpa ao não fornecer um serviço adequado de plantão, com pronto atendimento via telefone. Importa reconhecer que a deficiência no serviço de plantão oferecido pelo réu, fato que inclusive foi admitido pelo Titular de Ofício e que inegavelmente gerou transtorno além do razoável ao autor. Transtorno este que culminou com que o autor não participasse do velório do próprio pai, asseverou o juiz em sua sentença.

Com relação aos danos, a desembargadora Íris Helena Medeiros Nogueira afirmou ser previsível o estado de ânimo de qualquer pessoa em um momento como o do falecimento dos pais, ainda mais tendo que resolver circunstância alheia a sua vontade, por desídia de funcionária do réu.

A relatora aplicou ao caso o artigo 22 da lei 8.935/94, que regulamenta o artigo 236 da CF/88. O dispositivo estabelece que os notários e oficiais de registro respondem pelos danos que eles e seus prepostos causem a terceiros, na prática de atos próprios da serventia, assegurado aos primeiros direito de regresso no caso de dolo ou culpa dos prepostos.

Os desembargadores Tasso Caubi Soares Delabary e Marilene Bonzanini Bernardi acompanharam o voto da relatora.

» Processo: 70035527076

Fonte: TJ/RS – Oficial de..., 2011.

Se a pessoa falece em horário em que o serviço de Registro Civil de Pessoas Naturais não funciona e existe urgência no sepultamento, por exemplo, o que deve ser feito? Segundo orientação do Tribunal de Justiça do Distrito Federal, "o declarante poderá procurar o Plantão Judiciário no fórum mais próximo do local do falecimento, levando o atestado de óbito e os documentos do falecido e pedir a autorização judicial do sepultamento" (Distrito Federal, 2014, p. 7).

4.3 Ordem de registro

Segundo o art. 9º da LRP, é "nulo o registro lavrado fora das horas regulamentares ou em dias em que não houver expediente" (Brasil, 1973). O oficial que ensejar a nulidade é civil e criminalmente responsável pelo ato.

Em relação a todos os ofícios, o art. 10 da LRF assim prevê: "Todos os títulos, apresentados no horário regulamentar e que não forem registrados até a hora do encerramento do serviço, aguardarão o dia seguinte, no qual serão registrados, preferencialmente, aos apresentados nesse dia" (Brasil, 1973). No entanto, o registro civil de pessoas naturais não pode ser adiado (art. 10, parágrafo único, LRP).

O art. 11 da LRP, por sua vez, estabelece que "Os oficiais adotarão o melhor regime interno de modo a assegurar às partes a ordem de precedência na apresentação dos seus títulos, estabelecendo-se, sempre, o número de ordem geral" (Brasil, 1973). Significa dizer que deve ser adotado um sistema confiável de distribuição de senhas e de atendimento.

Quando um título não puder ser registrado por faltar alguma exigência, há o direito de prenotação: o ato não será registrado, mas terá efeitos de preferência de ordem sobre outros em relação à mesma coisa. Por exemplo, ao tentar registrar um imóvel, apresentando ao oficial a escritura de compra e venda, mas faltando a quitação de débitos tributários, este não o registrará, e, sim, prenotará o título, para dar precedência ao título e evitar que outro similar seja aceito, tal como um terceiro que apresente um contrato no dia seguinte, celebrado com outro vendedor (de forma errônea ou fraudulenta), que lhe daria a propriedade do mesmo imóvel. Nesse caso, a preferência de matrícula do imóvel cabe ao primeiro, registrando-a em seu nome caso cumpra a exigência no prazo de 30 dias – ressalvada, é claro, a discussão em juízo sobre a legitimidade dos contratos apresentados. Conforme o art. 216 da LRP: "O registro poderá também ser retificado ou anulado por sentença em processo contencioso, ou por efeito do julgado em ação de anulação ou de declaração de nulidade de ato jurídico, ou de julgado sobre fraude à execução". (Brasil, 1973).

Além disso, "Nenhuma exigência fiscal ou dúvida obstará a apresentação de um título e o seu lançamento do Protocolo com o respectivo número de ordem, nos casos em que da precedência decorra prioridade de direitos para o apresentante" (art. 12, LRP – Brasil, 1973). Ressaltamos que, se houver alguma exigência a ser cumprida, esta deverá ser formalizada por escrito pelo oficial. (art. 198, LRP). Conforme vimos, a prenotação perde seus efeitos em 30 dias, caso o interessado não cumpra as exigências anotadas (art. 205, LRP).

4.4 Aviso de gratuidade

Há casos em que os interessados **não precisam pagar** pelo registro e pela emissão de certidões.

Como já vimos anteriormente, emolumentos pelo registro civil de nascimento, pelo assento de óbito e pela primeira certidão emitida de cada um deles não podem ser cobrados (art. 30, LRP). A **gratuidade** aqui estabelecida é **para todos**, independentemente de suas riquezas materiais. Já aqueles que forem reconhecidamente pobres estão isentos de pagamento de emolumentos pelas demais certidões extraídas pelo cartório de registro civil.

É **obrigatório** que essa informação esteja afixada nos ofícios pertinentes de forma clara em local visível.

> Art. 30. [...]
>
> § 3º-C. As serventias de registros públicos deverão afixar, em local de grande visibilidade, que permita fácil leitura e acesso ao público, quadros contendo tabelas atualizadas das custas e emolumentos, além de informações claras sobre a **gratuidade** para emissão de certidões. (Brasil, 1973)

4.5 Responsabilidade gerencial

Por fim, a administração dos serviços notariais e de registro é da **responsabilidade** exclusiva de seu titular, incluindo questões financeiras a respeito de despesas de custeio, investimento e pessoal.

A finalidade dos tabelionatos e dos ofícios deve ser, sempre, "obter a melhor qualidade na prestação dos serviços", conforme estabelece a Lei dos Cartórios em seu art. 21 (Brasil, 1994). Para isso, é de liberdade e de responsabilidade de cada titular estabelecer normas, condições e obrigações em relação à atribuição de funções e de remuneração de seus prepostos.

4.6 Responsabilidade funcional

A CF/88, no art. 37, parágrafo 6º, impõe ao Estado a obrigação de reparar e compensar os danos causados a terceiros pelos agentes públicos no exercício de suas funções. O mesmo vale para os serviços delegados, em que respondem os delegatários do serviço e, subsidiariamente, o Estado.

Para as atividades de tabeliães e oficiais de registro, incide a **responsabilidade** objetiva pelos atos que, por falha, causem danos aos particulares. Essa é a posição da maioria da doutrina e da jurisprudência do Supremo Tribunal Federal (STF). Segundo Costa (2012), por mais que o ato seja praticado por um preposto do titular do serviço, este pode ser acionado a responder diretamente, com fundamento no art. 22 da Lei dos Cartórios:

> Art. 22. Os notários e oficiais de registro são civilmente responsáveis por todos os prejuízos que causarem a terceiros, por culpa ou dolo, pessoalmente, pelos substitutos que designarem ou escreventes que autorizarem, assegurado o direito de regresso.
> Parágrafo único. Prescreve em três anos a pretensão de reparação civil, contado o prazo da data de lavratura do ato registral ou notarial. (Brasil, 1994)

Conforme a lei, o tabelião responde pelos atos de quem o contrata para o serviço. O Estado também pode ser responsabilizado objetivamente por atos danosos cometidos por agentes delegados, com direito a regresso se comprovar dolo ou culpa do agente. Isto é, pode ser instado a arcar com o prejuízo provocado por serviço extrajudicial, se for demandado judicialmente, mas terá direito de cobrar o agente delegado. Do mesmo modo, o titular do serviço pode ser responsabilizado por ato de preposto, mas tem direito de regresso contra este, podendo cobrá-lo pelos danos comprovados*.

* Essa é a posição do STF, consolidada em seus julgados. Exemplos: Brasil (1999, 2011b).

4.7 Outros deveres

O art. 30 da Lei dos Cartórios traz uma relação dos **principais deveres** dos agentes delegados. São deveres dos notários e dos oficiais de registro:

> Art. 30 [...]
>
> X. manter em ordem os livros, papéis e documentos de sua serventia, guardando-os em locais seguros;
>
> XI. atender as partes com eficiência, urbanidade e presteza;
>
> XII. atender prioritariamente as requisições de papéis, documentos, informações ou providências que lhes forem solicitadas pelas autoridades judiciárias ou administrativas para a defesa das pessoas jurídicas de direito público em juízo;
>
> XIII. manter em arquivo as leis, regulamentos, resoluções, provimentos, regimentos, ordens de serviço e quaisquer outros atos que digam respeito à sua atividade;
>
> XIV. proceder de forma a dignificar a função exercida, tanto nas atividades profissionais como na vida privada;
>
> XV. guardar sigilo sobre a documentação e os assuntos de natureza reservada de que tenham conhecimento em razão do exercício de sua profissão;
>
> XVI. afixar em local visível, de fácil leitura e acesso ao público, as tabelas de emolumentos em vigor;
>
> XVII. observar os emolumentos fixados para a prática dos atos do seu ofício;
>
> XVIII. dar recibo dos emolumentos percebidos;
>
> XIX. observar os prazos legais fixados para a prática dos atos do seu ofício;

XX. fiscalizar o recolhimento dos impostos incidentes sobre os atos que devem praticar;

XXI. facilitar, por todos os meios, o acesso à documentação existente às pessoas legalmente habilitadas;

XXII. encaminhar ao juízo competente as dúvidas levantadas pelos interessados, obedecida a sistemática processual fixada pela legislação respectiva;

XXIII. observar as normas técnicas estabelecidas pelo juízo competente. (Brasil, 1994)

Quanto ao inciso IX (dar recibo), um adendo: algumas unidades da Federação, por meio dos Códigos de Normas da Corregedoria-Geral da Justiça do tribunal de justiça respectivo, exigem um dever suplementar. Alguns trazem este artigo: "O valor dos emolumentos, em qualquer hipótese, constará do próprio documento" (Mato Grosso, 2016, p. 52). A intenção desse dispositivo – e de outros semelhantes em outros estados – é demonstrar confiabilidade e transparência em relação ao valor pago pelo serviço.

Não sendo obrigação definida pelo Estado, o interessado pode, de qualquer modo, requerer que conste no documento o valor pago: "O valor correspondente às custas de escrituras, certidões, buscas, averbações, registros de qualquer natureza, emolumentos e despesas legais constará, obrigatoriamente, do próprio documento, independentemente da expedição do recibo, quando solicitado" (LRP, art. 14, parágrafo único).

Quanto aos demais deveres, lembramos que "O exercício da atividade notarial e de registro é incompatível com o da advocacia, o da intermediação de seus serviços ou com o de qualquer cargo, emprego ou função públicos, ainda que em comissão" (Brasil, 1994). Isso decorre do art. 25 da Lei dos Cartórios, para evitar que a atividade de titular possa acarretar benefícios indevidos.

Na mesma linha, o art. 27 estabelece a proibição da prática de atos em razão do parentesco: "No serviço de que é titular, o notário e o registrador não poderão praticar, pessoalmente, qualquer ato de seu interesse, ou de interesse de seu cônjuge ou de parentes, na linha reta, ou na colateral, consanguíneos ou afins, até o terceiro grau" (Brasil, 1994).

Concluímos, assim, o estudo de alguns dos deveres dos agentes delegados. Notamos que muitos deles são desdobramentos de um senso de ética e de moralidade e não representam um ônus excepcional. Por exemplo, ainda que não fossem previstos especificamente no dispositivo transcrito anteriormente, poderíamos deduzir que o notário deve "observar os emolumentos fixados para a prática dos atos do seu ofício" e "guardar sigilo sobre a documentação e os assuntos de natureza reservada de que tenham conhecimento em razão do exercício de sua profissão" (Brasil, 1994).

Por outro lado, há outras leis que devem ser conhecidas e observadas, mesmo aquelas que não dizem respeito especificamente às serventias. Por exemplo, citamos o Estatuto do Idoso (Lei n. 10.741/2003) e o Estatuto da Pessoa com Deficiência (Lei 13.146/2015), que trazem deveres de atendimento e acessibilidade, buscando a excelência na prestação dos serviços.

Síntese

Estudamos aspectos atinentes aos notários e registradores, principalmente alguns dos seus princípios e deveres. Em particular, no caso dos registros públicos de pessoas naturais, a lei exige que o serviço funcione todos os dias, sem exceção – incluindo sábados, domingos e feriados, pela sua essencialidade.

Destacamos ainda que são gratuitos alguns atos de registro público de pessoas naturais: o registro civil de nascimento, o assento de óbito e a emissão da primeira certidão de cada um deles. Essa informação deve, obrigatoriamente, ser exposta de forma clara e afixada em local visível.

Questões para revisão

1) Constitui uma das obrigações dos ofícios de registro público:
   a. Conceder gratuidade em todos os seus atos e a todas as pessoas, desde que comprovada a necessidade do documento.
   b. Afixar, em local de grande visibilidade, quadros contendo tabelas atualizadas das custas e emolumentos.
   c. Conceder gratuidade em todos os seus atos escriturais, tendo em vista a relevância do serviço.
   d. Solicitar verbas ao Estado para desenvolver as atividades.
   e. Afixar, em local de grande visibilidade, a existência ou não da gratuidade legal naquela serventia.

2) Sobre a responsabilidade gerencial nas serventias extrajudiciais, analise as afirmativas a seguir.
   I. A administração dos serviços notariais e de registro é de responsabilidade de seu titular e da Administração Pública.
   II. A administração dos serviços notariais e de registro é de responsabilidade exclusiva de seu titular, incluindo questões financeiras a respeito de despesas de custeio, investimento e pessoal.
   III. É de liberdade e responsabilidade de cada titular estabelecer normas, condições e obrigações em relação à atribuição de funções e de remuneração de seus prepostos.
   IV. É responsabilidade do Estado determinar os salários dos prepostos das serventias extrajudiciais.

É correto apenas o que consta em:

a. I e III.
b. IV.
c. II e IV.
d. I e IV.
e. II e III.

3) O notário deve assessorar as partes, fazendo-as refletir sobre o ato assistido, no entanto, **sem interferir na liberdade e na vontade de cada um, sem tomar parte ou interesse,** devendo sempre esclarecer, da melhor forma, sobre o conteúdo do ato. A qual princípio se refere o trecho destacado?

a. Princípio do Dever de Exercício.
b. Princípio da Imparcialidade e Independência.
c. Princípio da Forma de Ser.
d. Princípio da Unicidade do Ato.
e. Princípio do Controle da Legalidade.

4) Em relação à responsabilidade pelos atos cometidos pelas serventias, o agente delegado pode ser responsabilizado por atos praticados? O Estado pode ser responsabilizado por danos que a serventia cause aos usuários do serviço?

5) Qual é o modo e o horário de funcionamento das serventias, conforme estabelecido em lei?

Questões para reflexão

1) Vimos anteriormente que as ações judiciais podem envolver custos altos, não só para o pagamento das custas judiciais, mas também para os honorários advocatícios. Todavia, a prática de

atos extrajudiciais pelas serventias também pode ter custos. Se, por exemplo, um conflito entre duas pessoas puder ser resolvido por um ato extrajudicial, custando R$ 8.000,00, ou por um processo judicial, custando R$ 5.000,00, qual dos dois meios de solução vale mais a pena?

2) Os agentes delegados têm plena responsabilidade gerencial sobre a atividade que desempenham, cuidando da gestão e das finanças. Não seria o caso, portanto, de exigir do futuro agente delegado o bacharelado em curso superior de Administração para a assunção da atividade?

Para saber mais

A **gestão** passa pela definição de estratégias. Se você quiser se aprofundar no tema *planejamento estratégico* de forma ampla, não restrita a notários e registradores, com uma abordagem simples e direta, recomendamos o seguinte livro:

NOGUEIRA, C. S. (Org.). **Planejamento estratégico**. São Paulo: Pearson Education do Brasil, 2014.

V

Tabelionatos

Conteúdos do capítulo:

» As espécies de tabelionatos.
» As funções dos tabelionatos.
» Os atos realizados em cada tabelionato e a utilidade deles.

Após o estudo deste capítulo, você será capaz de:

1. diferenciar as atribuições dos tabelionatos de protesto de título das do tabelionato de notas;
2. compreender a atividade e os deveres dos tabeliães de protesto de título;
3. identificar as principais atividades desenvolvidas pelas duas espécies de tabelionatos.

Há duas espécies de tabelionatos na organização brasileira dos serviços extrajudiciais: os **tabelionatos de notas** e os **tabelionatos de protesto de título**. A atividade de cada um é delineada por legislação, a qual define os atos que podem ser desenvolvidos, conforme veremos neste capítulo.

Primeiro, identificaremos os tabelionatos de notas e cada uma de suas atividades. Trataremos, em seguida, do tabelionato de protesto de títulos, tópico no qual analisaremos os procedimentos envolvidos no protesto.

5.1 Tabelionatos de notas

Enfocaremos, neste tópico, os tabelionatos de notas. Em primeiro lugar, trataremos de suas atribuições, isto é, as atividades previstas em lei para essa serventia. Depois disso, analisaremos alguns de seus atos: escrituras públicas; procurações, tanto as públicas quanto as particulares; autenticação de documentos pela forma física ou eletrônica; reconhecimento de firma por semelhança e por autenticidade; testamento público, testamento cerrado e testamento particular; inventário e partilha extrajudicial, tratando também da judicial, para diferenciá-las; divórcio e ata notarial.

5.1.1 Atribuições

Os titulares do ofício e do tabelionato são os agentes capazes da prática de todos os atos que lhe foram delegados pelo Poder Público. Entre essas **atribuições**, de acordo com o art. 7º da Lei dos Cartórios – Lei n. 8.935, de 18 de novembro de 1994 (Brasil, 1994) –, os tabelionatos de notas têm **competência exclusiva** para:

> Art. 7º [...]
>
> I. lavrar escrituras e procurações, públicas;
>
> II. lavrar testamentos públicos e aprovar os cerrados;
>
> III. lavrar atas notariais;
>
> IV. reconhecer firmas;
>
> V. autenticar cópias. (Brasil, 1994)

Entre as escrituras públicas que são feitas no tabelionato de notas, mencionadas no inciso I, temos, por exemplo, as de compra e venda, doação, pacto antenupcial e união estável.

Conforme o parágrafo único do art. 7º da referida lei, os tabeliães de notas podem – em verdade, *devem* – "realizar todas as gestões e diligências necessárias ou convenientes ao preparo dos atos notariais, requerendo o que couber, sem ônus maiores que os emolumentos devidos pelo ato" (Brasil, 1994).. Conforme vimos quando tratamos de emolumentos, nada pode ser cobrado que não esteja **expressamente previsto** na tabela de emolumentos do estado.

Os escreventes, prepostos do titular, podem praticar todos os atos que o notário ou o oficial de registro lhes houver autorizado. Os **escreventes substitutos**, eventualmente contratados pelo tabelionato, podem praticar todos os atos que lhe sejam próprios, simultaneamente com o notário ou o oficial de registro. Há uma exceção estabelecida na Lei dos Cartórios, em seu art. 20, parágrafo 4º: no caso do tabelionato de notas, o escrevente substituto não pode lavrar testamentos.

> *Os tabeliães de notas devem realizar todas as gestões e diligências necessárias ou convenientes ao preparo dos atos notariais, requerendo o que couber, sem ônus maiores que os emolumentos devidos pelo ato.*

No entanto, **atenção**: o Código Civil – Lei n. 10.406, de 10 de janeiro de 2002 (Brasil, 2002) –, mais recente do que a Lei dos Cartórios, afirma que o testamento pode ser lavrado **por tabelião** ou por **seu**

substituto legal (art. 1.864, inciso I). Pela interpretação conjunta das leis, é majoritário atualmente o entendimento de que o escrevente pode lavrar testamento somente nos casos de impedimento ou de ausência do tabelião. Por exemplo: se faleceu o tabelião, antes do próximo concurso, o escrevente substituto pode lavrar o testamento. Já quanto ao testamento cerrado, o substituto pode aprová-lo independentemente de estar presente ou não o tabelião, pois não há proibição legal, e o Código Civil o autoriza em seu art. 1.868.

> Os interessados podem escolher qualquer tabelionato do país para utilizar os serviços do tabelionato de notas, independentemente do local de domicílio ou do lugar em que se encontram os bens que serão objeto de nota. Por exemplo, duas pessoas residentes em Cuiabá (Mato Grosso) lá assinam um contrato de compra e venda de uma máquina de lavar roupa e, numa viagem ocasional a Curitiba (Paraná), com o contrato em mãos, decidem reconhecer as firmas do contrato. Poderão fazê-lo em qualquer tabelionato da cidade que execute essa função.

As partes podem se deslocar até o tabelião que quiserem. Este, no entanto, não pode se deslocar, pois só pode praticar os atos dentro do município no qual recebeu delegação, segundo os arts. 8º e 9º da Lei dos Cartórios.

5.1.2 Escrituras públicas

Escrituras públicas são declarações feitas a rogo das pessoas interessadas e transcritas pelo notário nos livros oficiais. Essas declarações devem ser fiéis aos requisitos que a lei determina caso a caso.

> **São exemplos de escritura pública:**
> - escritura pública de compra e venda de imóvel;
> - testamento;

» inventário;
» partilha;
» divórcio consensual;
» ata notarial.

Por terem **natureza pública**, as escrituras são registradas em livros próprios e permanecem armazenadas eternamente para consultas futuras ou para emissões de certidões a qualquer interessado.

5.1.3 Procurações

Procuração é o instrumento em que uma pessoa (mandante) outorga poderes específicos ou gerais para outro (mandatário), também chamados, respectivamente, de *outorgante* e *outorgado*. O outorgado pode agir em nome do outorgante, no limite dos poderes outorgados, para a prática de todos os atos necessários aos interesses da procuração.

Há mais de uma espécie de procuração?

Existem **dois tipos de procuração**: a procuração por instrumento público e a procuração por instrumento particular.

O **instrumento particular**, como o nome já diz, é feito exclusivamente entre particulares. Em muitos casos, o instrumento particular é suficiente para conferir validade e efeitos ao mandato.

A procuração por **instrumento público** é lavrada no tabelionato de notas, sendo, portanto, dotada de fé pública. Existem situações em que somente a procuração pública tem validade, como outorgar poderes para que alguém realize venda de imóveis ou para a transferência de direitos sobre bens. Também é obrigatório que seja pública quando uma das partes (outorgante ou outorgado) for analfabeta ou impossibilitada de assinar (Brasil, 2013b).

A procuração, seja pública, seja privada, pode ser revogada a qualquer tempo, por vontade de ambas as partes ou de apenas uma delas. No caso da **pública**, precisa ser revogada perante o tabelião. Para que surta efeitos, é necessário também que a outra parte tenha ciência da revogação, estando ela presente ao ato ou, logo após, por meio de notificação extrajudicial ou carta com aviso de recebimento.

No caso da procuração **privada**, é possível fazer um **distrato** (documento assinado por outorgante e outorgado dando conta da revogação). Se o ato for unilateral, por vontade apenas do outorgante ou do outorgado, aquele que a revoga deve realizar uma notificação extrajudicial ou enviar carta com aviso de recebimento. Assim, o próprio outorgante prepara o documento que deseja entregar ao procurador, comunicando-lhe a revogação, ou seja, que não pode mais, a partir daquela data, exercer os poderes a ele conferidos.

Em ambos os casos, se há indício de má-fé do outorgado, convém que o outorgante também informe, sobre a revogação, as pessoas que poderiam ser afetadas pela utilização da procuração.

5.1.4 Autenticação

A **autenticação** é o ato pelo qual o tabelião confirma que a cópia está igual ao documento original que lhe foi apresentado, ou seja, declara que é autêntica. Por essa razão, o documento original deve ser levado à serventia, visto que, sem ele, não é possível fazer a autenticação.

Documento original é aquele tido como o primeiro produzido, aquele que foi realizado e firmado originariamente, não sendo fruto de algum tipo de reprodução.

Não se realiza a autenticação sequer de cópia autenticada, **apenas do original**. É vedada a autenticação de apenas parte de um documento, pois a aposição da garantia de autenticidade (a autenticação notarial) pressupõe um documento íntegro. Por essa mesma razão, não são autenticados documentos com rasuras ou cuja autenticidade do original não possa ser aferida.

> *Alguns documentos têm requisitos de segurança, como, por exemplo, Carteira Nacional de Habilitação (CNH), diplomas e outros. Para o cartório autenticar a cópia, se faz necessário o escrevente palpar o documento reproduzido, para verificar se ele tem os requisitos de segurança e validade, sob pena de estar autenticando documentos eventualmente inválidos ou falsos. Não é possível, por exemplo, autenticar cópia de diploma que está emoldurado, não sendo possível apalpá-lo, nem se autentica cópia de documentos que foram plastificados e não deveriam ser.* (Cartório Godoy, 2017a)

Existem duas formas de autenticação:

a. **Física ou tradicional**: Autenticação de cópia extraída de um documento original apresentado fisicamente na serventia, sendo a cópia realizada na própria serventia ou em outro local – neste último caso, o tabelião precisa conferir minuciosamente se a cópia corresponde fielmente ao original.
b. **Eletrônica**: Autenticação de reprodução extraída de um documento original eletrônico. Qualquer página da internet pode ser impressa e autenticada; porém, se não houver garantia da procedência, o ato da autenticação não garante a origem do conteúdo. O ato de autenticação autentica também a fonte quando a origem dos documentos é confiável: por exemplo, certidões ou arquivos disponíveis em *sites* de órgãos públicos ou documentos assinados digitalmente, por assinatura digital na forma da lei.

Estudamos, aqui, a autenticação em suas duas modalidades. Agora, analisaremos o reconhecimento de firma.

5.1.5 Reconhecimento de firma

O **reconhecimento de firma** é o ato pelo qual o tabelião confirma a assinatura apresentada em um documento, mas que só pode ser feito quando o documento está totalmente preenchido, datado e sem nenhum espaço em branco, para evitar adulterações posteriores.

Existem **duas formas** de **reconhecimento de firma**:

a. **Por semelhança**: É o reconhecimento feito de modo comparativo por semelhança da assinatura apresentada com a que consta nos arquivos do tabelionato – cartão de assinatura ou ficha de assinatura.
b. **Por autenticidade**: É o reconhecimento da assinatura aposta pessoalmente pelo interessado na presença do tabelião. O documento é assinado no ato pela pessoa que deve ser identificada e o tabelião reconhece a assinatura por *verdadeira* ou *autêntica*. Para alguns negócios, como transferências de veículos e pontos por infração de trânsito, o reconhecimento precisa ser feito por autenticidade.

O **cartão de assinatura** (ou *cartão de firma*, *ficha de assinatura* ou *ficha de firma*) é um documento feito pessoalmente pelo interessado no tabelionato. Nele, a pessoa irá assinar algumas vezes em uma ficha ou cartão para que, no futuro, o tabelionato possa fazer a comparação necessária de assinaturas em documentos que necessitem do reconhecimento de firma por semelhança. Qualquer pessoa, física ou jurídica, pode fazer o cartão de assinatura no tabelionato ou nos tabelionatos que desejar.

E de quanto em quanto tempo é preciso renovar o cartão de assinatura?

Não existe tempo de validade para o cartão de assinaturas. Porém, como as pessoas mudam a assinatura com o passar dos anos, e as empresas, as associações e outras pessoas jurídicas alteram seus representantes, pode ser necessária a realização de novo cartão de assinatura.

Quando um usuário obtém reconhecimento de sua assinatura em um documento no tabelionato de um município e se desloca com ele para outro, este pode não ser aceito na nova localidade, porque as pessoas dali não conhecem a outra serventia e têm medo de que o reconhecimento seja falsificado. Esse indivíduo, para se garantir, deve procurar um tabelionato da região para realização do **sinal público**, que nada mais é do que o reconhecimento da assinatura de outro tabelião ou substituto, para que o documento (reconhecido em outro local) seja aceito também naquele novo local.

Para tanto, é necessário que o tabelionato tenha em seus arquivos cartões de assinaturas de outros tabeliães do território nacional e de seus substitutos; ou então, quando houver necessidade, deve requerer a cooperação da outra serventia e solicitar diretamente ao outro tabelionato o cartão de assinatura por qualquer meio viável, como carta ou internet. Vale registrar a crescente facilitação e eficácia proporcionada pela Censec, anteriormente mencionada nesta obra, com seus arquivos de assinaturas acessíveis a todos os tabeliães do país.

5.1.6 Testamentos

Testamento é o ato pelo qual uma pessoa (testador), capaz e maior de 16 anos, expressa suas **disposições de última vontade**. No documento, o testador estabelece o que acontecerá com seus bens e direitos depois de sua morte.

O testamento pode ser revogado ou modificado enquanto o testador viver e continuar capaz – isto é, lúcido e não interditado.

São três os tipos de testamento segundo a lei, conforme veremos a seguir: testamento **público**, testamento **cerrado** e testamento **particular**.

Testamento público

O **testamento público** é escrito pelo tabelião, seguindo a forma legal e conforme a vontade expressa do testador, perante duas testemunhas. Ele segue o procedimento dos arts. 1.864 a 1.867 do Código Civil.

São **requisitos legais** do testamento público (Brasil, 2002):

I. Ser escrito por tabelião (ou por seu substituto legal) em seu livro de notas, de acordo com as declarações do testador. Este não precisa dizer, de memória, a sua vontade, mas pode se servir de minuta, notas ou apontamentos preparados para tanto.

II. Uma vez lavrado, deve ser lido em voz alta pelo tabelião ao testador e a duas testemunhas a um só tempo; ou pode lê-lo o testador, se o quiser, na presença destas e do oficial.

III. Ao final desse procedimento de preparação e leitura, o instrumento será assinado pelo testador, pelas testemunhas e pelo tabelião.

Há três hipóteses que podem gerar dúvidas e que são previstas pela lei. Neste momento, pensando em várias possibilidades, você pode nos fazer algumas perguntas:

E se o testador não souber ou não puder assinar?
Como se faz quando o testador é surdo ou cego?

Nós respondemos: se o testador não souber, ou não puder, assinar, o tabelião declarará esse fato e assinará pelo testador, em conjunto com uma das testemunhas que o testador escolher, conforme diz o art. 1.865 do Código Civil. Se o indivíduo for surdo, o testamento será lavrado normalmente, de acordo com o que ele expressar.

Se souber ler, lerá o seu testamento. Se não souber, designará quem o leia em seu lugar, presentes as testemunhas. Isso é o que dispõe o art. 1.866 do Código Civil.

Segundo o art. 1.867 do Código Civil, ao cego só se permite o testamento público, que deverá a ele ser lido duas vezes em voz alta – uma pelo tabelião e outra por uma das testemunhas, designada pelo testador. Esses fatos serão mencionados no termo de forma circunstanciada.

O testamento público pode ser escrito de forma manual ou mecânica, inclusive eletrônica, desde que, ao final, esteja em meio físico, na forma do art. 1.864, parágrafo único, do Código Civil. Pode também ser feito pela inserção da declaração de vontade em partes impressas de livro de notas, sendo rubricadas todas as páginas pelo testador.

Apesar de se chamar *público*, o testamento público não está aberto à visualização de qualquer pessoa.

Imagine se a disposição de última vontade das pessoas fosse de livre acesso por todos. Isso seria uma violação da intimidade, não concorda?

Somente o próprio testador – ou outros por ele autorizados mediante procuração – podem ter acesso ao testamento, caso contrário, seria uma exposição desnecessária, principalmente daquelas que têm maior visibilidade na vida pública. Infelizmente, esse resguardo não está previsto em lei ou normativa federal, mas cada estado deve dar esse tratamento aos testamentos públicos, por meio de seu **Código de Normas**, que é o conjunto de procedimentos adotados para os serviços judiciais e extrajudiciais, elaborado pela Corregedoria-Geral de Justiça de cada estado.

Sabemos, por meio de breve pesquisa nos Códigos de Normas, que o testamento público é protegido dos olhos alheios em São Paulo, no Rio Grande do Sul e no Paraná – e, possivelmente, em muitos outros, senão em todos os entes da Federação. Comparativamente, a mesma proteção é prevista em Portugal (Rodrigues, 2017). Ilustramos essa ocorrência com o que diz a Consolidação Normativa Notarial e Registral da Corregedoria-Geral da Justiça do Rio Grande do Sul, por considerarmos a mais detalhada:

> Art. 637 – Qualquer pessoa poderá requerer certidão, verbalmente, sem importar as razões de seu interesse.
> § 1° – Enquanto vivo o testador, só a este ou a procurador com poderes especiais poderão ser fornecidas informações ou certidões de testamento.
> § 2° – Para o fornecimento de informação e de certidão de testamento, no caso de o testador ser falecido, o requerente deverá apresentar ao tabelião a certidão de óbito do testador. (Rio Grande do Sul, 2015)

Perceba que a norma prevê que qualquer pessoa pode requerer certidões, mesmo verbalmente. A exceção é feita nos parágrafos que dizem que, no caso de testamento, a informação é restrita.

> A **restrição da publicidade dos testamentos** é prevista no seu estado? Procure o Código de Normas na página do Tribunal de Justiça do seu estado e você poderá responder.

Testamento cerrado

Escrito pelo testador, o tabelião não conhece seu conteúdo, exceto pela breve verificação obrigatória de estar o testamento escrito em português. O **testamento cerrado** é aprovado perante duas testemunhas. Trata-se de um testamento secreto, em envelope inviolável, que só poderá ser aberto pelo juiz ao qual for apresentado após a morte do testador. Segue o procedimento dos arts. 1.868 a 1.875 do Código Civil.

Testamento particular

É feito **particularmente** pelo testador, perante, ao menos, três testemunhas. Após a morte do testador, ele deve ser confirmado por um juiz. Segue o procedimento previsto nos arts. 1.876 a 1.880 do Código Civil.

5.1.7 Inventário e partilha

Inventário e *partilha* são a mesma coisa?

Não! **Inventário** é o instrumento mediante o qual se faz o levantamento do patrimônio de uma pessoa falecida. Se esta deixou patrimônio, é necessário realizar a **partilha** dos bens entre os sucessores. Por isso, normalmente, esses termos são utilizados em conjunto.

O inventário e a partilha podem ser realizados pela via judicial e também por escritura pública. Diz o art. 610 do Código de Processo Civil (CPC) – Lei n. 13.105, de 16 de março de 2015 –, em seu parágrafo 1º: "Se todos forem capazes e concordes, o inventário e a partilha poderão ser feitos por escritura pública, a qual constituirá documento hábil para qualquer ato de registro, bem como para levantamento de importância depositada em instituições financeiras" (Brasil, 2015a).

Não é necessário enfrentar o Poder Judiciário quando todos os interessados forem maiores e capazes, em suma, aptos a entrar em um acordo.

A escritura de inventário será lavrada pelo tabelião se todas as partes estiverem assistidas por advogado comum ou advogados de cada uma delas, devendo constar a qualificação e a assinatura do ato notarial, conforme ordena o parágrafo 2º do art. 610 do CPC.

5.1.8 Divórcio

Conforme a definição de Roberto Senise Lisboa (2004, p. 181), o **divórcio** "é a completa ruptura da sociedade conjugal e do vínculo matrimonial, que torna o divorciado livre para a celebração de novo casamento civil". Em outras palavras, é a forma de extinção do casamento.

O divórcio pode ocorrer por **duas vias**: **judicial** ou **extrajudicial**. Veremos os detalhes a seguir.

Procedimento judicial de divórcio

No caso judicial, ambos os cônjuges assinam uma petição para que o juiz competente homologue o divórcio. É obrigatória a presença de advogado e devem ser cumpridos os requisitos o art. 731 do CPC, que serão vistos a seguir, quando tratarmos do procedimento extrajudicial.

O **procedimento** é obrigatoriamente **judicial** se envolver filho menor de 18 anos incapaz ou nascituro – isto é, se o casal estiver esperando um filho.

> *Nascituro* é o nome que se dá à criança que ainda não nasceu, ligada à mãe pelo nobre período de gestação.

Procedimento extrajudicial de divórcio

Se não houver nascituro ou filhos incapazes, o divórcio pode ser realizado por escritura pública, lavrada pelo tabelião, que deverá conter as disposições de que trata o art. 731 do CPC (os mesmos do procedimento judicial).

São estes os elementos necessários à escritura pública de divórcio:

> Art. 731 [...]
>
> I. as disposições relativas à descrição e à partilha dos bens comuns;
>
> II. as disposições relativas à pensão alimentícia entre os cônjuges;

> III. o acordo relativo à guarda dos filhos incapazes e ao regime de visitas; e
>
> IV. o valor da contribuição para criar e educar os filhos. (Brasil, 2015a)

Se não houver algum desses elementos, é necessário constar expressamente a ausência deles na escritura de divórcio. Por exemplo: "o casal não amealhou bens comuns", "o casal não tem filho" etc. A escritura de divórcio deve ser averbada no ofício de registro civil em que os ex-cônjuges são registrados para alteração do estado civil das partes.

Todo o procedimento demonstrado, tanto judicial quanto extrajudicial, aplica-se também, no que couber, à extinção consensual de união estável, por expressa disposição legal (art. 732 do CPC). A separação é de pouca utilidade desde que se permitiu o divórcio direto, com a Emenda Constitucional n. 66, de 13 de julho de 2010 (Brasil, 2010). No entanto, se for o desejo do casal, é ainda possível a separação, usando-se o mesmo procedimento, como autoriza o mesmo artigo do CPC.

Quando se faz a escritura, esta tem força própria e independe de homologação judicial, além de ser título hábil para qualquer ato de registro, até mesmo para levantar importância depositada em instituições financeiras. É o que dispõe o parágrafo 1º do art. 733 do CPC. Já o parágrafo 2º faz menção à necessidade de assistência por advogado: "O tabelião somente lavrará a escritura se os interessados estiverem assistidos por advogado ou por defensor público, cuja qualificação e assinatura constarão do ato notarial" (Brasil, 2015a).

5.1.9 Ata notarial

A existência e o modo de existir de algum fato podem ser atestados ou documentados, a requerimento do interessado, mediante ata lavrada por tabelião.

A **ata notarial** é um instrumento público, escrito a rogo do interessado, cujo objetivo é constatar a realidade ou a verdade de um fato que o tabelião vê, ouve e percebe por quaisquer sentidos. Não se baseia na **vontade humana**, mas em **fatos constatados**. Vejamos o exemplo destacado a seguir.

João procura o tabelionato com um hematoma no rosto e requer ao tabelião que torne público e comprovado, por ata notarial, que Paulo o agrediu. O tabelião abrirá uma ata notarial a fim de colher o depoimento de João, para registrar não o relato do acontecimento, mas apenas o que o notário pode constatar dos fatos por si próprio. O registro correto seria parecido com o texto a seguir.

João de Tal, brasileiro, casado com Joana de Tal etc., aos 30 dias do mês de setembro de 2015, tinha um hematoma no rosto, de tom azulado, pouco abaixo do olho direito.

Em testemunho da verdade, firmo o presente.

(assinatura)

(Nome do notário ou escrevente)

Perceba que o tabelião não registrou que Paulo agrediu João, mas que havia um hematoma no rosto de João (o registro deve ser o mais preciso possível na observação do tabelião).

Se João quiser que conste na escritura sua **alegação** de que Paulo o agrediu no dia anterior, deverá requerer a **escritura de declaração**. A escritura de declaração é um ato no qual o tabelião simplesmente registra publicamente, na forma devida, aquilo que o depoente lhe narra, sem com isso fazer qualquer juízo de valor nem de veracidade, mas apenas documentando a alegação.

Podem constar na ata notarial depoimentos dados ao notário, análise da condição física de determinado bem, dados representados por imagem ou som gravados em arquivos eletrônicos. É possível pedir que um tabelião documente, por exemplo (Didier Junior; Braga; Oliveira, 2015):

a. o estado de conservação de um bem, para constatar o bom estado ou a existência de alguma avaria;
b. a divulgação ilegal de obra protegida por direito autoral;
c. conteúdo ofensivo de determinado *site* da internet;
d. a opinião ofensiva divulgada por alguém num *site* ou aplicativo de relacionamento;
e. a perturbação da paz em condomínio residencial pelo volume alto;
f. a contaminação de um ambiente por substância de cheiro forte em razão de atividade realizada por estabelecimento vizinho;
g. testemunho de determinada pessoa acerca de uma situação de fato.

Além dessas, há inúmeras outras possibilidades de documentação por meio de ata notarial. Absolutamente qualquer fato que possa ser captado pelos sentidos pode ser registrado em ata notarial, bastando que o interessado no registro o requeira ao tabelião de notas de sua preferência.

Nós estudamos, que, na Roma Antiga, funcionários exerciam funções registrais e notariais. Lá vimos que o taquígrafo praticava atos que muito se assemelhavam aos que hoje atribuímos o nome de *ata notarial*. E alguns dizem que a ata notarial é criação recentíssima...

5.2 Tabelionatos de Protesto de Título

Antes de adentrarmos no tema dos **tabelionatos de protesto de título**, é fundamental conhecer o protesto de um título. Você sabe o que é o protesto?

Protesto é o ato formal e solene pelo qual se prova a inadimplência e o descumprimento de obrigação originada em títulos e outros documentos de dívida.

Essa definição, bastante precisa, é a utilizada pela Lei n. 9.492, de 10 de setembro de 1997 (Brasil, 1997), conhecida como *Lei de Protesto de Títulos* (LPT), em seu art. 1º. O registro desse documento no tabelionato de protesto de título (no ato de protestar o título) é uma fonte de segurança para o credor da obrigação, pelas razões que agora estudamos.

A LPT regulamenta os serviços do protesto de títulos e outros documentos de dívida. Os serviços de protesto são prestados por interesse público, garantindo segurança às relações jurídicas que envolvem débito e crédito. O protesto tem função probatória quanto ao inadimplemento do devedor.

5.2.1 Finalidade

Sobre a sua finalidade, ao utilizar os serviços de protesto, o credor usa o registro do protesto para provar o descumprimento de obrigação pelo devedor, comprovada em títulos e outros documentos de dívida. Como o registro é público, o protesto leva o nome do devedor para cadastros de devedores inadimplentes.

Diz o art. 29 da LPT:

> Art. 29. Os cartórios fornecerão às entidades representativas da indústria e do comércio ou àquelas vinculadas à proteção do crédito, quando solicitada, certidão diária, em forma de relação, dos protestos tirados e dos cancelamentos efetuados, com a nota de se cuidar de informação reservada, da qual não se poderá dar publicidade pela imprensa, nem mesmo parcialmente. (Brasil, 1997)

A LPT ainda dispõe que os protestos cancelados não podem ser informados (art. 29, parágrafo 1º).

Embora não possa ser divulgada na imprensa a lista de devedores, é possível a consulta individual por qualquer pessoa ou estabelecimento, por meio de órgãos de proteção ao crédito que possuem tais listas (art. 31, LPT), como o conhecido instituto Serasa e o Serviço Central de Proteção ao Crédito (SCPC). Para obter a informação sobre cada pessoa, é necessário realizar o pagamento pela consulta. O cadastro negativo restringe direito ao crédito.

Ao procurar empréstimos e compras parceladas, o devedor, se tiver seu nome perscrutado, poderá ter seu pedido negado. Portanto, tendo um título protestado, é incentivado a pagar para voltar a ver seu nome limpo e ter mais possibilidades de crédito.

5.2.2 Competência

Sobre as funções que cabem aos tabeliães de protesto, vem em nosso auxílio a Lei dos Cartórios. Em seu art. 11, a lei detalha as **competências** dos tabeliães de protestos de título:

> Art. 11 [...]
>
> I. protocolar de imediato os documentos de dívida, para prova do descumprimento da obrigação;
>
> II. intimar os devedores dos títulos para aceitá-los, devolvê-los ou pagá-los, sob pena de protesto;
>
> III. receber o pagamento dos títulos protocolizados, dando quitação;
>
> IV. lavrar o protesto, registrando o ato em livro próprio, em microfilme ou sob outra forma de documentação;
>
> V. acatar o pedido de desistência do protesto formulado pelo apresentante;

> VI. averbar:
>
> a) o cancelamento do protesto;
>
> b) as alterações necessárias para atualização dos registros efetuados;
>
> VII. expedir certidões de atos e documentos que constem de seus registros e papéis. (Brasil, 1994)

Todas essas funções dizem respeito a uma atribuição mais clara e sintética, presente na lei própria dos tabelionatos de protesto de título.

Assim, em resumo, os tabeliães de protesto de título têm, por sua competência:

> Art. 3º [...] a protocolização, a intimação, o acolhimento da devolução ou do aceite, o recebimento do pagamento, do título e de outros documentos de dívida, bem como lavrar e registrar o protesto ou acatar a desistência do credor em relação ao mesmo, proceder às averbações, prestar informações e fornecer certidões relativas a todos os atos praticados [...] (Brasil, 1997).

Tudo, conforme estudamos, na forma da lei.

5.2.3 O que pode ser protestado?

Observe o exemplo a seguir.

> Tenho um contrato com João, assinado por nós e por duas testemunhas, no qual ele me deve R$ 3.000,00. Posso protestar esse contrato?

Qualquer documento que represente uma dívida e que esteja apto a uma ação judicial de execução pode ser protestado. Esses documentos são chamados de *títulos executivos* e, assim, são aptos a protesto. Estão previstos nos arts. 515 e 784 do CPC.

Entre eles estão a **letra de câmbio**, a **nota promissória**, a **duplicata**, a **debênture** e o **cheque** (chamados de *títulos de crédito*); a **escritura pública** ou outro documento público assinado pelo devedor; e o **contrato de seguro de vida** em caso de morte.

No caso do exemplo ao início desta seção, seria perfeitamente possível o protesto do contrato, conforme prevê a lei (art. 784, inciso III, CPC).

5.2.4 Procedimento de protesto

O **procedimento de protesto** é inteiramente previsto na LPT (Lei n. 9.492/1997).

Vamos verificar, juntos, o passo a passo desse procedimento?

Apresentação, protocolo e registro do título

Em primeiro lugar, cabe ao interessado – chamado de ***apresentante*** – levar o título ao tabelião. Normalmente é o próprio credor, mas qualquer pessoa pode apresentar o título a protesto. O tabelião de protesto verifica o título e, se não houver qualquer irregularidade, registrará o protesto, conforme as competências estabelecidas no art. 3º da LPT.

Ao apresentante será entregue um recibo com as características essenciais do título ou do documento de dívida, sendo de sua responsabilidade os dados fornecidos. "Antes da lavratura do protesto, poderá o apresentante retirar o título ou documento de dívida, pagos os emolumentos e demais despesas" (art. 16, LPT – Brasil, 1997).

Em seguida, o documento – apresentado ou distribuído no horário regulamentar – será protocolado em, no máximo, 24 horas (art. 5º, LPT). O que é protocolar um ato?

Você já o viu em outros atos da sua vida.

Protocolo é a identificação de determinada coisa entre outras coisas de mesmo gênero, para individualizá-la de modo organizado. Por exemplo, em uma empresa de *telemarketing*, para individualizar um atendimento telefônico entre tantos outros, é gerado um número de protocolo. No registro de protesto, do mesmo modo, o tabelião recebe o título e, em 24 horas, o protocolará, isto é, atribuirá um código ou número específico para aquele protesto, a fim de identificá-lo.

Conforme o art. 9º da LPT, "Todos os títulos e documentos de dívida protocolizados serão examinados em seus caracteres formais e terão curso se não apresentarem vícios, não cabendo ao Tabelião de Protesto investigar a ocorrência de prescrição ou caducidade" (Brasil, 1997). Por outro lado, registramos que, havendo alguma irregularidade formal, o tabelião não aceitará o registro.

A data do registro do protesto é a data inicial – se não estiver assinalado outro prazo – para contagem da "incidência de juros, taxas e atualizações monetárias sobre o valor da obrigação contida no título ou documento de dívida" (art. 40, LPT – Brasil, 1997).

O art. 12 da LPT prevê que "O protesto será registrado dentro de três dias úteis, contados da protocolização do título ou documento de dívida" (Brasil, 1997). Considera-se **não útil** o dia em que não houver expediente bancário para o público ou aquele em que este não obedecer ao horário normal. Na contagem desse prazo, é excluído o dia do protocolo e incluído o do vencimento. Se, no prazo de três dias, não for sustado (cancelado) o protesto por parte do credor ou do apresentante nem houver pagamento por parte do devedor, o tabelião lavrará e registrará o protesto, e o instrumento original deve ser entregue ao apresentante (art. 20, LPT).

Intimação do devedor

Protocolado o título ou o documento de dívida, o tabelião de protesto notificará o devedor, expedindo **intimação** dirigida ao endereço fornecido pelo apresentante do título ou do documento. A intimação é considerada cumprida quando for comprovada a sua entrega no mesmo endereço (art. 14, LPT).

Como a intimação precisa ter sua entrega comprovada, pode ser realizada por carta, desde que com aviso de recebimento ou, como a lei chama, *aviso de recepção* (AR). "A remessa da intimação poderá ser feita por portador do próprio tabelião, ou por qualquer outro meio, desde que o recebimento fique assegurado e comprovado através de protocolo, aviso de recepção (AR) ou documento equivalente" (art. 14, parágrafo 1º, LPT – Brasil, 1997).

A **intimação** deve ser **completa** e conter: (a) **nome** e **endereço** do devedor, (b) **descrição individualizada** do título ou documento de dívida, (c) **prazo limite** para cumprimento da obrigação no tabelionato, (d) **número do protocolo** e (e) **valor** a ser pago (art. 14, parágrafo 2º, LPT).

E se não houver alguém no local para recebê-la? A própria LPT, em seu art. 15, dá a resposta:

> Art. 15. A intimação será feita por edital se a pessoa indicada para aceitar ou pagar for desconhecida, sua localização incerta ou ignorada, for residente ou domiciliada fora da competência territorial do Tabelionato, ou, ainda, ninguém se dispuser a receber a intimação no endereço fornecido pelo apresentante. (Brasil, 1997)

No entanto, conforme o parágrafo 2º do artigo, se o apresentante agir de má-fé e fornecer propositalmente endereço errado, responderá por perdas e danos que seu ato causar, sem prejuízo de outras sanções civis, administrativas ou penais.

Pagamento e quitação

O art. 19 da LPT assim dispõe sobre o assunto: "O **pagamento** do título ou do documento de dívida apresentado para protesto será feito diretamente no tabelionato competente, no valor igual ao declarado pelo apresentante, acrescido dos emolumentos e demais despesas" (Brasil, 1997). Além disso, pagamento feito no prazo legal e no horário de funcionamento da serventia não poderá ser recusado (art. 19, parágrafo 1º, LPT).

Quando do pagamento, o tabelionato de protesto deverá dar a quitação da dívida, ou seja, fornecer um recibo ao ex-devedor, "e o valor devido será colocado à disposição do apresentante no primeiro dia útil subsequente ao do recebimento" (art, 19, parágrafo 2º, LPT – Brasil, 1997). Se o pagamento se der por meio de cheque, a quitação só terá efeito após a respectiva liquidação (art. 19, parágrafo 3º, LPT).

Se, com o pagamento ao tabelionato, ainda houver parcelas vincendas (não vencidas ainda), a **quitação** da parcela paga será fornecida em apartado e devolvido o título ou o documento de dívida original ao apresentante (art. 19, parágrafo 4º, LPT).

5.2.5 Registro eletrônico

Conforme já visto em relação aos tabelionatos e ofícios de modo geral, a **informatização** não é obrigatória, mas é possível, independentemente de lei ou regulamentação específica. O art. 41 da LPT dispõe que, para os serviços do tabelionato de protesto, "os Tabeliães podem adotar, independentemente de autorização, sistemas de computação, microfilmagem, gravação eletrônica de imagem e quaisquer outros meios de reprodução" (Brasil, 1997). O arquivamento dos títulos e documentos por meio informático é um meio de garantia contra perdas e danos que os documentos físicos podem sofrer.

Os meios eletrônicos têm ainda a vantagem de que qualquer reprodução de título, imagem ou outro documento arquivado no tabelionato, realizada por microfilme ou por processamento eletrônico, tem o mesmo valor do original quando autenticado pelo tabelião de protesto, substituto ou escrevente autorizado, independentemente exibição do original ou de restauração judicial (art. 39, LPT).

Por fim, cabe ressalvar o disposto no parágrafo 3º do art. 37 da LPT: "Pelo ato de digitalização e gravação eletrônica dos títulos e outros documentos serão cobrados os mesmos valores previstos na tabela de emolumentos para o ato de microfilmagem" (Brasil, 1997).

5.2.6 Título em moeda estrangeira

Uma situação excepcional com a qual você pode se deparar no exercício da atividade é a seguinte: o apresentante traz um **título** estrangeiro, ou mesmo feito no Brasil, mas com estipulação de pagamento em **moeda estrangeira**. Perguntamos: Você deve aceitar protestar um documento que traga dívida estipulada em moeda estrangeira?

Se fosse permitida a livre circulação de qualquer moeda, inclusive as estrangeiras, seria desvalorizada a moeda nacional, provocando, por isso, problemas graves como a inflação. Por essa razão, as obrigações fixadas em moeda estrangeira são **proibidas** pelo art. 318 do Código Civil.

Há, no entanto, **exceções**, previstas no art. 2º do Decreto-lei n. 857, de 11 de setembro de 1969 (Brasil, 1969). De acordo com esse dispositivo, podem ser estipuladas em moeda estrangeira:

> I. aos contratos e títulos referentes à importação ou exportação de mercadorias;
> II. aos contratos de financiamento ou de prestação de garantias relativos às operações de exportação de bens e serviços, vendidos a crédito para o exterior;

III. aos contratos de compra e venda de câmbio em geral;

IV. aos empréstimos e quaisquer outras obrigações cujo credor ou devedor seja pessoa residente e domiciliada no exterior, excetuados os contratos de locação de imóveis situados no território nacional;

V. aos contratos que tenham por objeto a cessão, transferência, delegação, assunção ou modificação das obrigações referidas no item anterior, ainda que ambas as partes contratantes sejam pessoas residentes ou domiciliadas no país.

Passamos agora ao que diz a LPT a respeito do protesto desses títulos. Segundo o art. 10 dessa lei, podem ser protestados títulos e outros documentos de dívida em moeda estrangeira emitidos fora do Brasil, com a condição de que sejam acompanhados de tradução efetuada por tradutor público juramentado. É obrigatório que o tabelião registre no ato do protesto a descrição do documento e sua tradução. O próprio apresentante deve indicar o valor convertido em moeda nacional na data de apresentação do documento para protesto, porque o pagamento pelo devedor deve feito em moeda corrente do nosso país.

5.2.7 Deveres

*"Os **Tabeliães** de Protesto de Títulos **são civilmente responsáveis** por todos os prejuízos que causarem, por culpa ou dolo, pessoalmente, pelos substitutos que designarem ou escreventes que autorizarem." (art. 38, LPT)*

Nos tabelionatos de protesto de título, os documentos apresentados ou distribuídos no horário regulamentar serão protocolados na ordem em que foram entregues e em, no máximo, 24 horas (art. 5º, LPT).

Assim como nos demais serviços extrajudiciais, "os **Tabeliães** de Protesto de Títulos **são civilmente responsáveis** por todos os prejuízos que causarem, por culpa ou dolo, pessoalmente, pelos substitutos que designarem ou escreventes que autorizarem" conforme expressamente previsto no art. 38 da LPT (Brasil, 1997). Se o tabelião sofrer prejuízo por ato praticado por preposto (por exemplo, judicialmente condenado a indenizar uma pessoa por serviços prestados irregularmente), tem direito de regresso contra o preposto, podendo cobrá-lo pelos danos comprovados que tiver.

5.2.8 Emolumentos

Os **emolumentos** para o tabelionato de protestos seguem as regras gerais: são devidos pelas partes interessadas, a título de remuneração do serviço, na forma da lei estadual e seus regulamentos. Diz o art. 37 da LPT: "Pelos atos que praticarem, os tabeliães de protesto perceberão, diretamente das partes, a título de remuneração, os emolumentos fixados na forma da lei estadual e de seus decretos regulamentadores" (Brasil, 1997).

Conforme o mesmo artigo, em seus parágrafos, é lícito exigir depósito prévio dos emolumentos e demais despesas devidas. A importância adiantada pelo apresentante ao registrar o protesto será reembolsada por ocasião da prestação de contas, quando ressarcidas pelo devedor no tabelionato.

Tal como nos demais atos dos notários e registradores, todo e qualquer ato praticado pelo tabelião de protesto será cotado com identificação individualizada de cada parcela componente do total de emolumentos, constando o valor na própria certidão do ato.

Síntese

Ao tratarmos do tabelionato de notas, vimos que alguns atos podem ser praticados tanto pela via judicial quanto pela via extrajudicial.

Devem ser atendidos os requisitos de cada um e, se possível, pelos dois meios, por opção dos envolvidos. Exemplos dessas possibilidades são o divórcio e a partilha, pois ambos podem se dar em tabelionato ou mediante processo judicial.

O procedimento para o protesto de títulos é bem especificado na lei, e aqui o fizemos constar para seu conhecimento. Ao contrário do que possa parecer, as minúcias do procedimento facilitam – e não dificultam – sua realização. Estando bem delimitado o modo como ocorre, é menor a chance de improvisos e de erros.

Questões para revisão

1) Os tabelionatos de protesto de título têm como função o protesto de títulos e outros documentos de dívida. Mas o que é protesto?
   a. É o ato informal pelo qual se prova a inadimplência e o descumprimento de obrigação originada em títulos e outros documentos de dívida.
   b. É o ato informal pelo qual se prova a insolvência do devedor.
   c. É o ato formal e solene pelo qual se prova a idoneidade financeira de uma pessoa com base em títulos e outros documentos.
   d. É o ato formal e solene pelo qual se prova a inadimplência e o descumprimento de obrigação originada em títulos e outros documentos de dívida.
   e. É o ato solene e formal pelo qual se prova a inadimplência e o descumprimento de obrigação com base em documentos, títulos ou testemunhas.

2) O divórcio pode, em algumas situações, ser realizado extrajudicialmente, no tabelionato de notas. Como requisitos, a escritura pública deve conter, quando for o caso:
   I. As disposições relativas à descrição e à partilha dos bens comuns.
   II. As disposições de última vontade do casal em relação aos filhos.
   III. As disposições relativas à pensão alimentícia entre os cônjuges.
   IV. O acordo relativo à guarda dos filhos incapazes e ao regime de visitas.
   V. O valor da contribuição para criar e educar os filhos.

   É correto apenas o que consta em:
   a. I, II, III, IV e V.
   b. III, IV e V.
   c. I, III, IV e V.
   d. I, IV e V.
   e. I e V.

3) Sobre o reconhecimento de firma, analise as assertivas a seguir.
   I. Por meio do reconhecimento por autenticidade é reconhecida a assinatura aposta pessoalmente pelo interessado na presença do tabelião.
   II. O cartão de assinaturas é válido por três anos, prazo após o qual deve ser renovado pelo detentor.
   III. Reconhecimento por semelhança é aquele feito de modo comparativo por semelhança da assinatura apresentada com a que consta nos arquivos do tabelionato.
   IV. Reconhecimento por semelhança é aquele em que se reconhece a assinatura aposta pessoalmente pelo interessado na presença do tabelião, sendo necessária a semelhança da pessoa com a fotografia no documento de identidade.
   V. Não existe tempo de validade para o cartão de assinaturas.

É correto apenas o que consta em:

a. I, II e III.
b. II e III.
c. I, IV e V.
d. III e IV.
e. I, III e V.

4) A finalidade do protesto é fazer com que o devedor se sinta motivado a pagar a dívida, para ver seu nome "limpo na praça", sem restrição de crédito. Quem pode saber se uma pessoa está ou não protestada?

5) Você trabalha em um tabelionato de protesto de título. O apresentante traz um título com estipulação de pagamento em moeda estrangeira. Você deve aceitar protestar um documento que traga dívida estipulada em moeda estrangeira? Por quê?

Questões para reflexão

1) Entre as competências do tabelião de notas está o registro de pacto antenupcial. Os noivos devem fazê-lo? O que é esse pacto e para que serve?

2) Vimos que as serventias podem se beneficiar do registro eletrônico de seus atos. Que modelos ou tipos de ferramentas podem ser utilizados para facilitar os atos das serventias e aperfeiçoar sua segurança?

Para saber mais

Foi implementada em 2016 uma nova atividade extrajudicial no Brasil: a apostila, ou apostilamento de documentos, trazida pela Convenção da Apostila de Haia. *Apostila* é palavra de origem francesa, do verbo *apostiller*, que significa anotação. Consiste em uma anotação à margem de um documento. Ela visa simplificar a legalização de documentos entre os mais de 100 países que assinaram a convenção, permitindo o reconhecimento mútuo de documentos brasileiros no exterior e de documentos estrangeiros no Brasil.

O apostilamento é fundamentado na Conferência da Haia de Direito Internacional Privado, adotado pelo Brasil por meio dos Decretos n. 148/2015 e n. 8.660/201 e pela Resolução n. 228/2016 do Conselho Nacional de Justiça (CNJ). A anotação tem por objetivo economia, celeridade e eficiência – benefícios propiciados pela simplificação e desburocratização decorrentes da eliminação da exigência de legalização diplomática ou consular –, uniformizando, em território brasileiro, a certificação e a autenticidade mediante de uso de sistema eletrônico.

Além disso, garante a procedência de um documento público nacional para validade e eficácia no exterior, eliminando o procedimento de Consularização, muitas vezes complexo, demorado e dispendioso.

Para ler o texto integral da Convenção da Apostila da Haia e conhecer sua aplicação no Brasil, consulte o *site* do CNJ:

BRASIL. Conselho Nacional de Justiça. **Convenção da Apostila da Haia**. Disponível em: <http://www.cnj.jus.br/poder-judiciario/relacoes-internacionais/convencao-da-apostila-da-haia>. Acesso em: 12 jun. 2017.

VI

Ofícios de registro

Conteúdos do capítulo:

- » Os ofícios de registro.
- » As funções de cada ofício de registro.
- » Princípios que norteiam as atividades do ofício de registro de imóveis.

Após o estudo deste capítulo, você será capaz de:

1. reconhecer os ofícios de registro pelas atividades que desempenham;
2. compreender a usucapião extrajudicial;
3. diferenciar os princípios que regem as atividades do registro de imóveis.

Os **ofícios de registro**, ao contrário dos tabelionatos, têm competência absoluta para os registros da sua região de atuação. Cada pessoa e cada bem registrado devem ter um único ofício no qual se registram todas as informações públicas a seu respeito, para que os interessados em obter esses dados tenham o acesso completo em um único local, predeterminado pela organização dos serviços extrajudiciais de cada estado.

Conheceremos, neste capítulo, os ofícios de registro, cada qual com suas competências específicas, nesta ordem: Ofício de Registro Civil de Pessoas Naturais e de Interdições e Tutelas; Ofício de Registro de Títulos e Documentos e Registro Civil de Pessoas Jurídicas; Ofício de Registro de Imóveis; Registro Público de Empresas Mercantis; Ofícios de Registros de Distribuição e Tabelionatos e Ofícios de Registro de Contratos Marítimos – este último com competência tanto notarial quanto registral.

6.1 Ofício de Registro Civil de Pessoas Naturais e de Interdições e Tutelas

Esse ofício é responsável pelo registro de nascimentos, casamentos, óbitos, emancipações, interdições, sentenças declaratórias de ausência, de adoção e também das opções de nacionalidade. Quando ocorrem alterações, elas são averbadas no **Ofício de Registro Civil de Pessoas Naturais**. Essas competências estão previstas no art. 29 da Lei de Registros Públicos (LPR)* – Lei n. 6.015, de 31 de dezembro de 1973 (Brasil, 1973).

O registro civil de pessoas naturais tem a função social de publicizar a existência das pessoas. Devido a esse fim essencial, voltado à dignidade da pessoa humana, são totalmente gratuitos o registro e a emissão da primeira certidão para o registro civil de nascimento e de óbito. Por determinação legal, o serviço de registro civil das

* Que tal conhecer o texto original da LRP? Todas as leis estão disponíveis na internet. Recomendamos a você que acesse o *site* oficial, que disponibiliza a Lei n. 6.015/1973: <http://www.planalto.gov.br/ccivil_03/leis/L6015consolidado.htm>. Caso você utilize algum serviço de busca na internet, certifique-se de sempre acessar a página do Planalto.

pessoas naturais será prestado, também, aos sábados, domingos e feriados pelo sistema de plantão.

Por sua vez, a Lei dos Cartórios – Lei n. 8.935, de 18 de novembro de 1994 (Brasil, 1994) – dispõe também que haverá, no mínimo, um registrador civil das pessoas naturais por município (art. 44, parágrafo 2º). Na prática, essa exigência é difícil de ser cumprida, porque não há interesse de se estabelecer um ofício de registro em alguns municípios pequenos. As razões do desinteresse ou da inexistência de candidatos são a pequena população e, portanto, baixa procura pelos serviços. Nesse caso, a função é delegada a outro ofício registral da região, independentemente de concurso público, por meio de ato do Poder Público.

A confirmação da impossibilidade faz-se por desinteresse ou inexistência de candidatos. Na hipótese de **desinteresse**, o candidato vitorioso não toma posse e se afasta. A **inexistência** ocorre quando, expedindo-se os editais, ninguém se apresentar, ou os candidatos não satisfazerem os requisitos legais. Verificada a inviabilidade de preenchimento da vaga por concurso público, o juízo competente requererá a anexação a outro ofício registral, no mesmo município ou em município vizinho, conforme dispuser a lei local* (Ceneviva, 2014).

* Vê-se a aplicação desse dispositivo legal na decisão do Superior Tribunal de Justiça (STJ) (Brasil, 2009c).

Quando falamos de interdição, há obrigatoriedade de que seja imediatamente publicada. Segundo o Código de Processo Civil (CPC) – Lei n. 13.105, de 16 de março de 2015 –, em seu art. 755, parágrafo 3º, "A sentença de interdição será inscrita no registro de pessoas naturais e imediatamente publicada na rede mundial de computadores, no sítio do tribunal ao qual estiver vinculado o juízo e na plataforma de editais do Conselho Nacional de Justiça [...]" (Brasil, 2015a).

Uma norma relativamente recente deve ser conhecida de todos os que trabalham nesses ofícios: a união entre pessoas do mesmo gênero é plenamente válida e não pode ser recusada. Seguindo uma decisão do Supremo Tribunal Federal (STF), o CNJ baixou a Resolução n. 175, de 14 de maio de 2013, a qual estabelece que "é vedada às autoridades competentes a recusa de habilitação, celebração de casamento civil ou de conversão de união estável em casamento entre pessoas de mesmo sexo", sob pena de comunicação ao juiz corregedor para as providências e sanções cabíveis (Brasil, 2013a).

6.2 Ofício de Registro de Títulos e Documentos e Registro Civil de Pessoas Jurídicas

Os Ofícios de Registro de Títulos e Documentos e Registro Civil de Pessoas Jurídicas são previstos de forma separada na LRP (art. 1º, parágrafo 1º). Porém, a Lei dos Cartórios trouxe suas funções englobadas em apenas uma, conforme estudamos no tópico sobre a divisão dos serviços extrajudiciais.

A atribuição do Registro de Títulos e Documentos e Registro Civil das Pessoas Jurídicas é bem ampla, com centenas de possibilidades de registro. Por exemplo:

a. Registrar contratos que têm por objeto bens móveis (carros, motos, caminhões, barcos, mercadorias, ações de companhias etc.), como os contratos de compra e venda, penhor, alienação fiduciária.
b. Registrar documentos e contratos pessoais e profissionais, como contratos de locação, notas promissórias, registro de microfilmes, código de *softwares*, contrato de prestação de serviços, contrato de parceria agrícola ou pecuária, arrendamento, entre outros, além de todos os documentos estrangeiros com as respectivas traduções juramentadas.

c. Registrar notificações extrajudiciais.
d. Registrar pessoas jurídicas de direito privado sem fins lucrativos, como as associações, as fundações, as organizações religiosas e os partidos políticos – estes são registrados apenas em Brasília, por força do art. 8º da Lei n. 9.096, de 19 de setembro de 1995 (Brasil, 1995), que trata dos partidos políticos.
e. Registrar sociedades de pequeno porte, especialmente aquelas cujo objetivo esteja relacionado às áreas científica, literária ou artística e as que exerçam profissão intelectual, que são as sociedades de natureza simples. Estas podem adotar um dos seguintes tipos societários: limitada, em nome coletivo, em comandita simples ou sociedade simples pura, que é aquela que não opta por nenhum dos tipos (empresários) anteriormente citados, seguindo as normas dos arts. 997 a 1.038 do Código Civil – Lei n. 10.406, de 10 de janeiro de 2002 (Brasil, 2002).
f. Registrar empresas individuais de responsabilidade limitada, também conhecidas pela sigla Eireli.
g. Matricular todos os veículos de comunicação – jornais, revistas, boletins, rádio, televisão, editoras, oficinas impressoras e agências de notícias, entre outros.
h. Registrar os livros contábeis, mais conhecido como *autenticação de livros*. Trata-se de uma exigência da Receita Federal para validade dos livros das pessoas jurídicas, devendo ser efetuado pelo tabelionato onde está registrado o ato constitutivo (contrato social ou estatuto).

Todos esses atos estão previstos, de forma mais geral, na LRP, nos arts. 122 e 127. Conforme o parágrafo único do art. 127, cabe ao "registro de títulos e documentos a realização de quaisquer registros não atribuídos expressamente a outro ofício" (Brasil, 1973). Portanto, o Ofício de Registro de Títulos e Documentos tem **competência residual** sobre os demais ofícios – alguma atribuição que os demais não têm, ele tem.

6.3 Ofício de Registro de Imóveis

O **Ofício de Registro de Imóveis** é a serventia competente para efetuar os registros pertinentes aos imóveis situados na base territorial de sua competência.

Além de abrirem a matrícula de cada imóvel, também registrarão o nome do proprietário (ou dos proprietários) e todas as transferências subsequentes, as quais devem ser levadas a registro. Averbarão, ainda, as alterações no imóvel, como construções ou mudança de nome do proprietário em razão de casamento.

Veremos esses temas com mais detalhes nos tópicos a seguir.

6.3.1 Noções gerais

Antes de começarmos a tratar do **registro de imóveis**, precisamos esclarecer um ponto e pedimos que você responda: É excessivamente caro o registro de imóveis no Brasil?

Se você respondeu "não", está correto. Se respondeu "sim", vamos considerar um relatório do Banco Mundial divulgado em 2015: "O registro de propriedades no Brasil tem um custo 38% inferior ao de países desenvolvidos" (Registro de imóvel..., 2015).

O preço do procedimento no país é de, aproximadamente, 2,6% do custo total do imóvel – incluindo, claro, os tributos. O número é quase a metade do valor cobrado pelos países da Organização para a Cooperação e Desenvolvimento Econômico (OCDE), incluindo França, Estados Unidos e Alemanha, que é de 4,2%. Se compararmos aos dados do Caribe e da América Latina, o custo é de 6,1% do preço total da propriedade. Portanto, 2,6% do valor do imóvel, como é no Brasil, pode gerar um valor alto em termos de dinheiro (R$ 13.000,00 para registro de um imóvel de R$ 500.000,00), mas de pequena monta em relação a outros países.

Você sabe qual é o objetivo de se registrar um imóvel?

O **registro de imóveis** tem como objetivo primordial **concretizar a transmissão da propriedade imobiliária** de modo pleno e assegurar a oponibilidade dos direitos reais perante terceiros. A oponibilidade do direito em relação a toda a sociedade é juridicamente chamada pelo nome em latim *erga omnes* ("para todos").

Por isso, chegamos às principais funções dos registros de imóveis, que são:

a. Garantir, por meio do registro, o direito à propriedade, bem como outros direitos referentes a imóveis. Os registros são públicos e, portanto, oponíveis contra qualquer pessoa que pretenda prejudicar esses direitos.
b. Realizar a matrícula, o registro e a averbação dos atos relativos aos bens imóveis.
c. Expedir certidões dos imóveis.

Para cada imóvel existente, há **um único ofício** de registro de imóveis competente para registrar alterações.

Em momento anterior, estudamos a competência do ofício de registro de imóveis, que funciona da mesma maneira: normas do estado dirão qual é a competência de registro de cada ofício. Se houver um único ofício no município, ele será responsável por todos os imóveis lá localizados e pode ainda acumular competência para município vizinho que não tenha ofício próprio.

O registro de imóveis é o cadastro no qual a propriedade do imóvel é constituída, alterada e também em que pode ser registrada a extinção de todos os direitos reais sobre imóveis, com caráter de autenticidade, eficácia e segurança jurídica.

É o repositório no qual constam todas as informações do imóvel e todo o histórico, estabelecendo o direito de propriedade, dando conhecimento a todos de quem é o possuidor do imóvel e também dos encargos que possam ter por meio do número da matrícula do imóvel.

A **matrícula** de um imóvel é o ato que o identifica por meio de sua correta localização, atualmente georreferenciada nos mínimos detalhes, com descrição completa e minuciosa. Nela serão feitos os atos de registro e averbação, com o intuito de ter o registro público sempre atualizado do real estado do imóvel. A matrícula é única para cada imóvel, individualizando-o dos demais e, por isso, cada ofício de registro tem competência para registrar os imóveis de determinada região. Caso contrário, fatalmente poderia haver mais de um registro.

A matrícula é única para cada imóvel, individualizando-o dos demais e, por isso, cada ofício de registro tem competência para registrar os imóveis de determinada região.

O registro é o ato que declara a propriedade de um imóvel, seja originária, seja por transferência. Qualquer negócio em que ocorra modificação na propriedade é registrado na matrícula. Um exemplo é a compra e a venda de um imóvel.

6.3.2 Obrigatoriedade do registro de imóveis

Nesta parte, vamos responder a algumas perguntas bastante práticas sobre o registro de imóveis.

Tudo que eu faço em relação a um imóvel precisa ser registrado? Compra? Venda? E a locação, também precisa ser registrada?

E se eu preferir não registrar uma compra e venda, para não precisar pagar os impostos de transferência de propriedade, quais serão as consequências?

A lei exige que seja realizado o registro público sempre que um negócio jurídico vise à constituição, à "transferência, modificação ou renúncia de direitos reais sobre imóveis de valor superior a trinta vezes o maior salário mínimo vigente no País" (art. 108 do Código Civil – Brasil, 2002). A intenção da lei é garantir a publicidade dos atos relativos aos bens imóveis, para proteger as pessoas a eles vinculados de atos de terceiros que, de outro modo, estariam sujeitos ao engano ao realizar negócios com alguém que se dissesse proprietário, sem se saber qual seria o legítimo proprietário. Pelo registro público, qualquer pessoa pode, mediante o pagamento dos emolumentos, obter a certidão do imóvel e verificar quem é o proprietário, ou se há registro de algum gravame sobre ele, como constrição judicial, hipoteca etc.

A locação não precisa ser registrada no ofício de registro de imóveis, porque é um negócio realizado entre as partes, que não onera diretamente o imóvel, embora tenha relação com ele. Por outro lado, se as partes pretendem garantir a segurança jurídica da locação, elas podem registrá-lo. Assim, por exemplo, se a locação constar no registro de imóveis como tendo duração de 20 anos, e o proprietário vender seu imóvel após dois anos, o adquirente terá de manter a locação pelos próximos 18 anos (pelo preço fixado, se estiver também registrado), mesmo que alegue não conhecer o fato, pois o registro é público e tem validade perante todos.

Quando exigido, o registro é um **requisito de validade** do negócio jurídico. Isso significa dizer que, mesmo existindo o negócio no plano dos fatos e tendo ele efeitos entre as partes, se não for realizado o registro, não poderá ser oposto como direito a terceiros de boa-fé que não sabiam do negócio realizado.

Confira o exemplo que segue.

Marcos comprou um imóvel de Carlos Alberto, um empresário, pelo valor de R$ 500 mil. Em desobediência à lei, realizaram o negócio sem registro público, mas por simples contrato particular, para não pagar os emolumentos da escritura de compra e venda, do registro e os tributos devidos.

Marcos pode usufruir do imóvel livremente, sem que Carlos Alberto possa interferir ou alegar que o imóvel é seu, pois ambos assinaram um contrato. Um ano mais tarde, o imóvel é penhorado na Justiça, em processo execução, por uma dívida que Carlos Alberto possuía em relação a seus antigos empregados. O que Marcos poderá fazer?

Marcos terá, no mínimo, muito incômodo. Poderá até perder o imóvel, se o comprou de má-fé, sabendo que poderia sofrer a penhora por uma ação que já existia, pois embora tente alegar em juízo o seu direito, os interessados na execução do imóvel não conheciam esse contrato particular. Assim, os ex-empregados, agindo de boa-fé, podem satisfazer seu crédito por meio do imóvel que, na prática, não pertencia mais a Carlos Alberto, o verdadeiro devedor. Nesse caso, por certo, Marcos poderá cobrar de Carlos Alberto a devolução do valor, além de eventual condenação de Carlos Alberto por fraude contra credores, mas terá de enfrentar esse caminho para realizar a cobrança.

No mais das vezes, mesmo sem registro, a jurisprudência entende que o **adquirente de imóvel deve ser protegido** pelo princípio da proteção ao possuidor.

Assim, Marcos poderia demonstrar seu direito em juízo, alegando ter comprado o imóvel sem ter conhecimento da ação ou ainda antes que ela fosse ajuizada, juntando em sua defesa (como terceiro no processo) cópia do contrato*. Ao final, portanto, Marcos possivelmente permanecerá com o imóvel, mas terá arcado com as despesas para sua defesa e sofrido desgaste por um processo desnecessário.

Esse é um dos **riscos** de negociar um imóvel por contrato particular.

Se a transferência do imóvel fosse registrada desde o princípio, Marcos teria a segurança de que todos conheceriam – ou deveriam conhecer – seu direito de propriedade, pois o bem constaria publicamente em seu nome e, assim, sequer haveria penhora – considerando, claro, a existência de boa-fé de ambos, sem caracterizar fraude contra credores, pois o registro não serve para a chancela de atos imorais ou ilegais.

* Por exemplo, foi assim decidido pelo Tribunal Superior do Trabalho (TST) (Brasil, 2009d). A previsão dessa possibilidade de defesa, em caso de imóvel não registrado, está disposta também na Súmula n. 84, de 18 de junho de 1993, do Superior de Tribunal de Justiça (STJ), que diz: "É admissível a oposição de embargos de terceiro fundados em alegação de posse advinda do compromisso de compra e venda de imóvel, ainda que desprovido do registro" (Brasil, 1993).

Vimos um caso hipotético de uma pessoa que preferiu não registrar o imóvel para não precisar pagar os impostos que incidem sobre a transferência de propriedade. Os impostos não vão para o ofício de registro, que paga seus custos com os emolumentos, não com impostos. Os impostos são devidos ao Estado, e cabe ao ofício de registro, antes de registrar a alienação (transferência) do imóvel, fiscalizar se foi feito o recolhimento por meio de comprovante apresentado pelo interessado. Se não estiver tudo regularizado, inclusive os impostos, o oficial e seus prepostos não podem efetuar o registro.

6.3.3 Registro e averbação

No cartório de registro de imóveis, o oficial executa essencialmente duas espécies de atos: **registro** e **averbação**. Você sabe a diferença entre eles e, principalmente, quando devemos efetuar um e quando devemos efetuar outro?

A averbação é o ato no qual são anotadas as alterações ou os acréscimos a respeito da qualificação referentes ao imóvel ou às pessoas que constam no registro ou na matrícula do imóvel. Um exemplo é a mudança do número do Registro Geral (RG) do proprietário, o que acontece quando a pessoa se registra em um ente diverso da Federação, uma vez que o RG é definido por estado.

Os atos que necessitam de registro ou averbação são provenientes do direito civil e de outros ramos do direito, repercutindo no direito registral. Vejamos a seguir, de maneira resumida, alguns dos atos existentes em nosso direito. Além de apresentar os atos, aplicaremos o estudo deste tópico em cada um e indicaremos, para cada ato, se é caso de registro ou de averbação.

Averbação ou registro?

1. **Adjudicação simples ou compulsória**

O ato é de registro. A adjudicação é ato judicial que estabelece e declara que a propriedade imóvel deve ser transferida do antigo dono para o credor, para que este satisfaça seu crédito.

2. **Arrematação (judicial ou extrajudicial)**

O ato é de registro. A arrematação é um ato de compra e venda realizado em leilão.

3. **Arresto**

O ato é de registro. Arresto é uma medida judicial preventiva, determinada por um juiz, que consiste na apreensão de bens de um devedor para garantir e assegurar ao credor futura cobrança da dívida.

4. **Atualização de endereço**

O ato é de averbação. Quando o nome da rua ou do logradouro for alterado ou quando houver mudança na numeração do endereço é necessário requerer a averbação no Registro de Imóveis.

5. **Cédula de crédito comercial – penhor cedular**

O ato é de registro. O penhor cedular é constituído em uma cédula de crédito comercial. Cédulas de crédito são títulos cujo fim é obter de financiamento bancário. É um documento emitido pelo devedor (particular) em favor de uma instituição financeira credora (banco), no qual, normalmente, existe uma garantia, podendo ser de bens móveis ou imóveis.

6. **Cédula de crédito industrial**

O ato é de registro. É uma promessa de pagamento emitida pelo devedor em razão de um financiamento dado pelo credor. Pode ser garantida por penhor cedular, alienação fiduciária ou hipoteca cedular.

7. **Cessão de direitos**

O ato é de registro. Cessão de direitos é um instrumento particular pelo qual uma pessoa cede ou transfere a outra direitos e obrigações, a título gratuito ou oneroso. Pode se tratar de direitos imobiliários de garantia do bem imóvel, como hipotecas, penhores, arrendamentos, anticrese, nos quais o cedente deixa de pagar o saldo remanescente, passando a dívida para o cessionário dar continuidade a ela no mesmo contrato.

8. **Compra e venda**

É um contrato pelo qual um dos contratantes se obriga a transferir o domínio da propriedade para outro, mediante o pagamento combinado. Conforme visto, deve ser registrado para surtir efeito em relação a todas as pessoas.

9. **Convenção de condomínio**

O ato é de registro. A convenção de condomínio é como se fosse a "Constituição" do condomínio, estabelecendo regras gerais de convívio. Tem por objetivo a harmonia entre os vizinhos, resguardando o patrimônio coletivo e os direitos recíprocos dos coproprietários. Todas as regras internas devem constar na convenção.

10. **Dação em pagamento**

O ato é de registro. A dação em pagamento é quando um devedor dá outra coisa diversa da contratada para liberar-se do débito, desde que o credor aceite essa substituição. No caso de imóvel dado como pagamento, isso só terá validade após a lavratura de escritura pública e sua transcrição no Registro de Imóveis.

11. **Demolição**

O ato é de averbação. Quando há a destruição de um imóvel, é necessária a averbação.

12. **Divórcio**

O ato é de averbação. Toda mudança de estado civil de detentor de domínio deve ter sua situação regularizada na matrícula do imóvel.

13. **Doação**

O ato é de registro. A doação é um contrato que expressa a vontade de um doador de dispor seus bens, beneficiando outra pessoa, denominado *donatário*.

14. **Habite-se**

O ato é de averbação. *Habite-se* é o documento que atesta que o imóvel foi construído e aprovado segundo as normas de edificação estabelecidas pela administração municipal (prefeitura) para aquela área. Todavia, não é uma garantia de que a construção foi executada de acordo com as normas de engenharia e arquitetura.

15. **Hipoteca**

O ato é de registro. A hipoteca é um contrato no qual o devedor dá em garantia um bem imóvel ao credor.

16. **Incorporação imobiliária**

O ato é de registro. A incorporação imobiliária é a atividade de um empresário que visa à realização de um projeto de edificação.

17. **Instituição de condomínio**

Tem a finalidade de identificar cada unidade autônoma de um condomínio e, para isso, a instituição de condomínio deve ser registrada.

18. **Instituição de usufruto**

O ato é de registro. O usufruto é o direito assegurado a alguém, para que possa usar e desfrutar de um imóvel, cuja propriedade pertence a outra, de maneira temporária, zelando pela sua integridade e conservação.

19. **Locação**

É ato de registro ou de averbação. Quando o contrato for para fins de preferência, ele é averbado; quando for para fins de vigência, é ato de registro. A diferença é que, na situação da venda do imóvel no caso da preferência, o inquilino tem a **preferência** da compra e, na **vigência**, o locatário tem a garantia da permanência no imóvel até o fim do contrato, independentemente que quem seja o novo proprietário.

20. **Pacto antenupcial**

É ato de registro (no Livro 3 do registro de imóveis, conforme a LRP). É um contrato estabelecido pelos noivos, antes do casamento, com a finalidade de estabelecer o regime de bens e as relações econômicas entre eles, após o casamento.

21. **Partilha**

O ato é de registro. Partilha é um processo que visa à distribuição de bens às pessoas que têm direitos sobre eles.

22. **Penhora**

O ato é de registro. A penhora é o ato pelo qual o devedor dá, em garantia de uma dívida, um bem de igual ou maior valor até o cumprimento da obrigação. Caso não quite a dívida, o bem vai a leilão.

23. **Permuta**

O ato é de registro. Permuta é o contrato pelo qual uma pessoa se obriga a dar uma coisa para receber outra.

24. **Promessa de cessão de direitos**

É o contrato em que uma pessoa (promitente cedente) se obriga a ceder direitos que detém a outra (promissário cessionário), por preço, condições e modo avençados, outorgando-lhe a escritura pública definitiva assim que ocorrer o pagamento do preço, se estipulado, e o cumprimento das demais condições estipuladas no contrato.

25. **Promessa de compra e venda**

O ato é de registro. A promessa de compra e venda é um contrato em que o comprador e o vendedor assumem condições para que haja o negócio futuro de efetiva compra e venda.

21. **Sequestro**

O ato é de registro. O sequestro tem por objetivo a apreensão ou o depósito judicial de um bem específico, do qual pende litígio, para que se conserve e seja entregue em bom estado a quem cabe por direito.

22. **Usucapião**

O ato é de registro, pois é uma espécie de aquisição da propriedade. Segundo o Código Civil, qualquer pessoa que possua um imóvel como se fosse seu, continuamente e sem oposição, pode adquirir sua propriedade.

23. **Usufruto**

O ato é de registro. Usufruto é um direito real sobre coisa alheia em que se atribui ao usufrutuário o direito de usá-la temporariamente; ou seja, ele tem a posse, mas não a propriedade.

Fonte: Elaborado com base em Creci-SP, 2016.

Em sua opinião, com tantos atos de registro e de averbação, deveria haver a utilização de meios eletrônicos para organizar de modo mais efetivo tanta informação?

Na verdade, não há obrigatoriedade de utilização de sistemas informáticos pelas serventias, mas essa possibilidade existe e já é implementada. Segundo pesquisa amostral abrangendo ofícios de registro de imóveis de todas as 27 unidades da Federação, 94% têm, ao menos, algum grau de informatização (Irib, 2015).

6.3.4 Usucapião extrajudicial

Não tratamos, nesta obra, de cada procedimento em separado. Porém, devemos falar aqui de um recentemente acrescentado ao rol de tarefas do registro imobiliário: a **usucapião extrajudicial**.

Algum familiar ou amigo já lhe perguntou se pode ser dono de um imóvel sem comprá-lo ou sem recebê-lo por doação? A usucapião é conhecida pelas pessoas, mesmo que não saibam seu nome, porque é um meio excepcional de adquirir uma propriedade: basta possuí-lo por certo tempo, sem violência, sem oposição e de forma contínua para ter essa possibilidade. Aprendendo o tema aqui tratado e lendo as referências legais citadas, você pode até orientar algum familiar a respeito.

Usucapião é uma espécie de ação em que uma pessoa que não é proprietária de um imóvel o possui, sem que ninguém se oponha, por certo período de tempo. Cumprido esse período de tempo e os demais requisitos legais, o possuidor pode então adquirir a propriedade. Sem nos detalharmos na usucapião em geral, cumpre dizer que está regulamentada nos arts. 1.238 a 1.244 do CPC, bem como no art. 191 da Constituição Federal de 1988 (Brasil, 1988).

Antes do CPC de 2015, que está em vigor desde meados de março de 2016, o procedimento para o usucapiente (possuidor) requerer a propriedade só podia ocorrer na via judicial. Com o advento do CPC, tornou-se possível a medida de usucapião protocolada diretamente no ofício de registro de imóveis da respectiva circunscrição imobiliária, que é o ofício responsável por aquele imóvel.

O art. 1.071 do CPC acresceu à LRP o art. 216-A, para dispor exatamente sobre esse assunto. Além da possibilidade da via judicial, é admitido também o pedido de reconhecimento extrajudicial de usucapião, que será processado diretamente perante o ofício do registro de imóveis competente para a localidade na qual estiver situado o imóvel usucapiendo (aquele sobre o qual se pretende adquirir propriedade), a requerimento do interessado.

São os requisitos legais da usucapião extrajudicial, conforme o dispositivo citado da LRP:

> Art. 216-A. Sem prejuízo da via jurisdicional, é admitido o pedido de reconhecimento extrajudicial de usucapião, que será processado diretamente perante o cartório do registro de imóveis da comarca em que estiver situado o imóvel usucapiendo, a requerimento do interessado, **representado por advogado**, instruído com:
>
> I. ata notarial lavrada pelo tabelião, atestando o tempo de posse do requerente e seus antecessores, conforme o caso e suas circunstâncias.
>
> II. planta e memorial descritivo assinado por profissional legalmente habilitado, com prova de anotação de responsabilidade técnica no respectivo conselho de fiscalização profissional, e pelos titulares de direitos reais e de outros direitos registrados ou averbados na matrícula do imóvel usucapiendo e na matrícula dos imóveis confinantes.
>
> III. certidões negativas dos distribuidores da comarca da situação do imóvel e do domicílio do requerente.
>
> IV. justo título ou quaisquer outros documentos que demonstrem a origem, a continuidade, a natureza e o tempo da posse, tais como o pagamento dos impostos e das taxas que incidirem sobre o imóvel. (Brasil, 1973, grifo nosso)

Quanto às tarefas do ofício de registro de imóveis, cabe ao oficial de registro – ou a seu funcionário –, diante de um procedimento de usucapião extrajudicial, dar "ciência à União, ao estado, ao Distrito Federal e ao município, pessoalmente, por intermédio do oficial de registro de títulos e documentos, ou pelo correio com aviso de recebimento, para que se manifestem, em 15 (quinze) dias, sobre o pedido". O oficial de registro de imóveis também promoverá "a publicação de edital em jornal de grande circulação, onde houver, para a ciência de terceiros eventualmente interessados, que poderão se manifestar em 15 dias" (Brasil, 1973).

E se alguém der resposta nesse prazo, impugnando o reconhecimento da usucapião, qual procedimento deve ser adotado pelo ofício de registro?

Para isso, temos a LRP. Em seu art. 216-A, parágrafo 10º, consta:

> §10. Em caso de impugnação do pedido de reconhecimento extrajudicial de usucapião, apresentada por qualquer um dos titulares de direito reais e de outros direitos registrados ou averbados na matrícula do imóvel usucapiendo e na matrícula dos imóveis confinantes, por algum dos entes públicos ou por algum terceiro interessado, o oficial de registro de imóveis remeterá os autos ao juízo competente da comarca da situação do imóvel, cabendo ao requerente emendar a petição inicial para adequá-la ao procedimento comum. (Brasil, 1973)

Conforme vimos no trecho da LRP citado, se houver qualquer oposição ou impugnação do registro por terceiro ou ente público, o oficial remeterá o procedimento diretamente para o Poder Judiciário, cabendo ao autor do pedido adequá-lo aos requisitos da via judicial. Portanto, a usucapião extrajudicial só tem êxito caso não haja impugnação, pois, caso contrário, será processada judicialmente.

6.3.5 Princípios do registro de imóveis

Depois de termos visto as noções gerais e a aplicabilidade do registro de imóveis, é importante conhecer os seus **princípios**, que são muito aplicados no direito imobiliário e servem para sanar várias dúvidas que podem surgir no cotidiano do profissional que trabalha com o registro de imóveis.

Princípio da Rogação ou Instância

Trata sobre a exigência de a prática do ato registral ser provocada, necessariamente, pela parte interessada ou por autoridade, podendo ser por escrito ou feito verbalmente, salvo aqueles autorizados pela LRP.

Princípio da Prioridade

Diz que o título, ao ser apresentado para o registro, deve receber a **prenotação**. Esta indicará a data do protocolo e o número de ordem de prioridade do direito real sobre o imóvel ao qual o título ficará vinculado. Isso quer dizer que o primeiro que apresentar o título para registro/averbação terá a preferência na realização do ato.

Princípio da Inscrição

O lançamento do título na matrícula efetiva os direitos reais e faz a segurança jurídica e registral ter caráter constitutivo. Significa dizer que, mesmo havendo negócio entre particulares, o direito dessa transferência perante toda a sociedade só será consumado no ato da **inscrição** nos livros registrais, garantindo a existência e a validade do negócio jurídico.

Princípio da Legalidade

A legalidade é o princípio segundo o qual todo e qualquer título registral, inclusive os judiciais, deve ser submetido ao **juízo de qualificação** pelo registrador, com o fim de averiguar, previamente, se ele se encontra de acordo com as exigências legais e se os demais princípios registrais aplicáveis e suas normas foram devidamente respeitados. Esse princípio deve prestar rigoroso exame de legalidade, validade e eficácia da regularidade formal do título.

Princípio da Finalidade

Diz que o administrador público – nesse caso, o registrador – está sujeito aos mandamentos da lei e às exigências do bem comum, e deles não se pode afastar ou se desviar, sob pena de praticar ato inválido e se expor à responsabilidade disciplinar, civil e criminal, conforme o caso. Ou seja, no exercício de suas funções, o oficial registrador **está adstrito ao cumprimento da lei** para o fim de assegurar a tipicidade dos direitos reais ante os negócios jurídicos realizados e submetidos à inscrição registral.

Princípio da Especialidade

Prescreve que o registrador deve garantir a **perfeita especificação do imóvel**. Consolida-se na exatidão dos dados pertinentes ao ato, sendo imóvel urbano ou rural, cada qual com suas especificações.

O imóvel deve ser identificado em sua correta localização, georreferenciada em detalhes, com a descrição mais completa e minuciosa possível. A individuação do imóvel, nesses termos, consta na matrícula. Para mantê-la sempre atualizada, qualquer ato pelo qual ocorra modificação no bem é registrado na matrícula. Um exemplo é a compra e a venda de um imóvel, que altera a propriedade, ou a construção de uma edícula no terreno.

Princípio da Individuação do Imóvel

Trata-se de um reforço do Princípio da Especialidade. Exige que o registrador empregue sua máxima diligência e seu conhecimento no sentido de garantir a completa especificação do imóvel, com todos os seus pormenores característicos e suas confrontações. O Princípio da Individuação reforça a necessidade de o registro imobiliário assegurar que os títulos tragam a **descrição completa do imóvel**, com o objetivo de ser preciso de modo suficiente para a consolidação do ato registral pretendido.

Princípio da Qualificação

Por esse princípio, o registrador deve exercer **exame criterioso** do título, devendo analisar, ponderar e ajuizar todos os aspectos formais e extrínsecos. Ou seja, deve certificar a existência – ou não – de todas as qualidades que permitam ao título ser revestido de toda a segurança, autenticidade e eficácia perante terceiros.

Princípio da Continuidade ou do Trato Sucessivo

Nas palavras de Afrânio de Carvalho (1998), o Princípio da Continuidade, que se fundamenta no Princípio da Especialidade, significa que, em relação a cada imóvel, adequadamente individuado, deve existir uma cadeia de titularidades à vista da qual só se fará a inscrição de um direito se o outorgante dele aparecer no registro como seu **titular**. Assim, as sucessivas transmissões, que derivam umas das outras, asseguram sempre a preexistência do imóvel no patrimônio do transferente (Carvalho, 1998).

Só se realizará o registro de um imóvel se aquele que requerer o ato – por exemplo, a transferência da propriedade – constar como titular, impedindo o lançamento de qualquer ato registral sem a existência de registro anterior, obrigando a menção das referências originárias.

Assim, não seria possível a seguinte situação hipotética: Antônio adquire um apartamento novo diretamente da construtora, com o intuito de investir e, para não pagar tributo, não registra a compra e venda no Ofício de Registro de Imóveis. Antônio conseguiu negociá-lo, e o comprador quer fazer tudo direito, por isso vão ao ofício de registro. Na presença dos dois, o oficial de registro recusa-se a registrar a venda, pois Antônio não consta como o proprietário, mas, sim, a construtora.

Caso, por erro, o oficial aceitasse o registro, haveria quebra do Princípio da Continuidade ou do Trato Sucessivo, e tentar passar por cima dele poderia configurar **fraude**. Para que seja realizado o registro ao novo comprador, Antônio e a construtora precisam, antes, solicitar o registro do imóvel, de maneira que Antônio conste como o novo proprietário para, em seguida, ocorrer nova transferência.

Princípio da Obrigatoriedade do Registro

Prescreve que todo e qualquer ato entre vivos relativo à propriedade imobiliária, para revestir-se de **eficácia**, deve ser registrado no Serviço de Registro de Imóveis da situação do imóvel.

Princípio da Unitariedade

Traz a exigência de uma **única matrícula** para um único imóvel na circunscrição imobiliária da qual faz parte, veda a abertura de matrícula de parte ideal de imóvel e, ainda, proíbe que uma única matrícula comporte dois ou mais imóveis, ou que um único imóvel tenha mais de uma matrícula. Ou seja, torna impossível a matrícula conter mais do que um imóvel em sua descrição, bem como a abertura de matrícula de parte ideal de imóvel.

Princípio da Disponibilidade

Por esse princípio, o registrador tem a obrigação de verificar se o bem imóvel, alienado ou dado em garantia real, encontra-se na condição jurídica e registral para o ato pretendido – ou seja, **disponível**.

Princípio da Concentração

Estabelece que todo e qualquer fato ou ato jurídico concernente à propriedade imobiliária, ou às pessoas nele interessadas, deve estar registrado na respectiva **matrícula**, que é única.

Princípio da Cindibilidade do Título

Permite que o registrador faça o registro de apenas parte dos objetos constantes no título, seja porque existe uma nulidade parcial que permite a separação, seja porque houve pedido expresso da parte interessada. Em outras palavras, é possível a **separação do título** (o que comporta registro), colocando de lado o que não pode ser registrado.

Por exemplo, é permitido o registro imediato de um imóvel, constante de um documento formal de partilha, perfeitamente descrito e caracterizado, enquanto se regularizam outros imóveis com descrições imperfeitas, mas constantes do mesmo título.

Princípio da Propriedade Formal

Leva o **registro fiel** a preponderar sobre transações não registradas. Por vezes as pessoas não registram o imóvel adquirido por óbices financeiros, levando à não legalização da propriedade.

Partindo dessa premissa – da existência da propriedade informal –, podemos afirmar que este princípio robustece o fato de a propriedade somente se revelar como legal e formal mediante o registro no Registro Imobiliário, o qual produz todos os efeitos do negócio jurídico perante terceiros, bem como para se albergar da necessária segurança jurídica.

Princípio da Retificação do Registro

Com o advento da LRP, em 1973, o **procedimento de retificação de registro** da propriedade imobiliária tornou-se mais simplificado e concentrado no âmbito do registro de imóveis.

Esse princípio prega a necessidade de correção – ou de anulação – do registro ou da averbação que, em seu teor, trouxer imprecisões, inexatidões ou inverdades no tocante ao direito real consignado no álbum imobiliário. Com ou sem formalismos, o procedimento administrativo de retificação traz base segura e, juridicamente, é eficaz à continuidade dos atos na tábua registral, além de fortalecer a legitimação registrária.

Princípio da Tipicidade

De acordo com esse princípio, todos os atos registrais devem estar **indicados na legislação**, ou seja, são registráveis apenas títulos previstos em lei. O ato de registro deve ser típico e legal. Assim, trata-se de uma função das serventias imobiliárias – o ato de registrar imóveis e direitos reais a eles inerentes –, tendo seu regramento na LRP, bem como em outras leis que tratam de assentamentos imobiliários obrigatórios.

Princípio da Autonomia Registral

Revela a **independência jurídica** de atuação do registrador na esfera administrativa sob os limites legalmente conciliados, obedecendo aos princípios registrais e regramentos legais aplicáveis caso a caso.

Princípio da Publicidade

Assegura a todo e qualquer cidadão o **conhecimento dos registros** imobiliários contidos nos Livros da Serventia, tornando-os efetivamente públicos. A publicidade dos atos registrais consolida-se por meio de certidão, cuja obrigatoriedade de expedição é conferida pela LRP.

Princípio da Presunção

Cumpre a função de espelhar a veracidade do teor contido no registro, tornando os direitos reais inscritos **legítimos**, **válidos** e **oponíveis**, até prova em contrário.

Princípio da Fé Pública

Sobre a **fé pública**, transportado o princípio citado nos princípios notariais para o registro de imóveis, podemos dizer que o conteúdo da matrícula é uma **verdade jurídica**, devendo-lhe ser outorgada presunção de veracidade, revelando a real situação jurídica em que o imóvel se encontra, produzindo efeitos contra terceiros e amparando todos os direitos reais relativos à propriedade imobiliária.

Princípio da Oponibilidade

Em primeiro lugar, o que é um **direito real**? Ele trata da relação que uma pessoa tem diretamente com coisas que podem ser objeto de propriedade. Assim, no que se refere a direito real, ele deve ser público para que tenha plena eficácia.

Para se tornar público, deve ser registrado em cartório, para que tenha fé pública, de modo que assim seja oponível contra todos (*erga omnes*). Isso é importante no registro imobiliário porque ser oponível contra todos é dizer que ninguém pode alegar desconhecimento do que consta nesses registros. Assim, o detentor da titularidade do direito real tem a faculdade de gozar, usar e dispor da coisa, bem como o direito de reavê-la do poder de quem quer que injustamente a detenha ou possua.

Princípio da Sucessividade

Trabalha a **aquisição do direito real** desde o seu surgimento, o qual se dá com a instrumentalização do título que faz a prova do negócio jurídico realizado entre as partes e o seu registro no Registro de Imóveis, impedindo o lançamento de qualquer ato registral sem a existência de registro anterior, bem como obriga a menção das referências originárias, derivadas e sucessivas.

Princípio do Não Saneamento

A respeito desse princípio, quando um ato é praticado pelo oficial de registro ou por seu preposto, havendo algum erro (quando ainda há falhas que precisariam ser corrigidas) ou utilização de fraude pelo interessado que requereu o registro, o ato do registro **não convalida a falha**. A qualquer tempo, o vício pode ser sanado, desde que seja comprovado que não deveria ter sido registrado.

A falha pode ser alegada por quem se achar prejudicado, tornando sem efeito o título de registro, por meio de prova de que houve algum vício (como falsidade de assinatura etc.) para requerer que haja anulação, extinção ou rescisão do título registrado. Como o registro é um ato solene, a menos que o erro seja grosseiro, o interessado deve comprovar a falha de registro por meio do Poder Judiciário.

Princípio da Não Sucedaneidade dos Órgãos

Preserva o órgão registral para o registro do título de acordo com a competência que lhe reveste, pois **não se pode alterar o órgão registral**. Por exemplo, se o documento foi rejeitado no registro imobiliário por ter requisitos a serem cumpridos, não pode, por vontade das partes em facilitar o procedimento, ser levado a registro no Ofício de Registro de Títulos e Documentos. Isso pode acontecer, mas não com o mesmo objetivo, que é o de assegurar publicamente a propriedade, mas apenas para registrar a vontade das partes.

> *O direito real somente é alçado e assegurado no registro de imóveis, razão pela qual cada imóvel possui uma única circunscrição imobiliária competente para guardar o seu registro.*

O direito real somente é alçado e assegurado no registro de imóveis, razão pela qual cada imóvel possui uma única circunscrição imobiliária competente para guardar o seu registro, não admitindo substituição por qualquer outro ofício registral.

Princípio da Territorialidade

Delimita a **área de atuação do registrador**, estabelecendo-lhe uma circunscrição imobiliária territorial competente, legalmente definida pela LRP e por lei estadual.

Esse princípio possibilita a qualquer interessado o conhecimento da situação física e jurídica do imóvel, bastando saber a qual circunscrição pertence o imóvel. Para tal, deve dirigir-se ao Ofício de Registro Imobiliário competente e solicitar uma certidão.

Vistos todos esses princípios, restou alguma dúvida? Então podemos passar adiante!

6.4 Registro Público de Empresas Mercantis

A atividade desse Registro é normatizada pela Lei n. 8.934/1994 e foi regulamentada posteriormente pelo Decreto n. 1.800, de 30 de janeiro de 1996 (Brasil, 1996).

O registro compreende essencialmente todas as empresas estabelecidas no Brasil. Segundo o art. 2º do decreto, os atos das organizações destinadas "à exploração de qualquer atividade econômica com fins lucrativos, compreendidas as firmas mercantis individuais e as sociedades mercantis, independentemente de seu objeto, serão arquivados no Registro Público de Empresas Mercantis e Atividades Afins, salvo exceções previstas em lei" (Brasil, 1996).

O Registro Público de Empresas Mercantis é composto por dois órgãos-chave: o Departamento Nacional de Registro do Comércio e as juntas comerciais (art. 3º, Decreto n. 1.800/1996). Ambos integram o Sistema Nacional de Registro de Empresas Mercantis (Sinrem).

O Departamento Nacional de Registro do Comércio (DNRC), órgão central do Sinrem, centraliza as funções supervisora, orientadora, coordenadora e normativa, no plano técnico, e supletiva, no plano administrativo. As juntas comerciais têm a função executora e administradora dos serviços de registro público de empresas mercantis e atividades afins, conforme o art. 3º, inciso II, do Decreto n. 1.800/1996.

Você, possivelmente, nunca antes ouviu falar do DNRC ou mesmo do Sinrem. No entanto, é provável que já tenha utilizado os serviços de uma junta comercial ou, pelo menos, sabe de que alguém que abriu uma empresa e a registrou na respectiva junta comercial estadual.

O que o público vê e ao qual, em geral, tem acesso, em relação ao Registro Público de Empresas Mercantis, são as juntas comerciais, porque, como lemos, são elas que efetivamente executam e administram os registros. Ao lermos o art. 7º do decreto citado, percebemos, entre outras, as **principais atribuições** das juntas comerciais:

> Art. 7º [...]
> I. executar os serviços de registro de empresas mercantis, neles compreendidos:
> a) o arquivamento dos atos relativos à constituição, alteração, dissolução e extinção de empresas mercantis, de cooperativas, das declarações de microempresas e empresas de pequeno porte, bem como dos atos relativos a consórcios e grupo de sociedades de que trata a lei de sociedade por ações;
> b) o arquivamento dos atos concernentes a sociedades mercantis estrangeiras autorizadas a funcionar no País;
> c) o arquivamento de atos ou documentos que, por determinação legal, seja atribuído ao Registro Público de Empresas Mercantis e Atividades Afins e daqueles que possam interessar ao empresário ou às empresas mercantis;
> d) a autenticação dos instrumentos de escrituração das empresas mercantis registradas e dos agentes auxiliares do comércio, nos termos de lei própria;
> e) a emissão de certidões dos documentos arquivados;
> [...]

III – processar, em relação aos agentes auxiliares do comércio:

a) a habilitação, nomeação, matrícula e seu cancelamento dos tradutores públicos e intérpretes comerciais;

b) a matrícula e seu cancelamento de leiloeiros, trapicheiros e administradores de armazéns-gerais;

[...]

VII – prestar ao Departamento Nacional de Registro do Comércio – DNRC as informações necessárias:

a) à organização, formação e atualização do cadastro nacional das empresas mercantis em funcionamento no País;

b) à realização de estudos para o aperfeiçoamento dos serviços de Registro Público de Empresas Mercantis e Atividades Afins;

c) ao acompanhamento e à avaliação da execução dos serviços de Registro Público de Empresas Mercantis e Atividades Afins;

d) à catalogação dos assentamentos de usos e práticas mercantis procedidos; [...]. (Brasil, 1996)

E com relação a **sócios incapazes**, como devemos proceder?

Segundo o art. 974, parágrafo 3º, do Código Civil, o Registro Público de Empresas Mercantis, a cargo das juntas comerciais, deverá registrar contratos ou alterações contratuais de sociedade que envolva **sócio incapaz**, desde que atendidos, de forma conjunta, os seguintes pressupostos: "I – o sócio incapaz não pode exercer a administração da sociedade; II – o capital social deve ser totalmente integralizado; III – o sócio relativamente incapaz deve ser assistido e o absolutamente incapaz deve ser representado por seus representantes legais" (Brasil, 2002).

Não são poucas as funções das juntas comerciais, não é mesmo? As empresas registram-se por meio da junta comercial e, nela, efetuam todas as alterações que venham a ocorrer, requisitos necessários para que ela permaneça em funcionamento.

6.5 Outros tabelionatos e ofícios

Você notou que ainda não vimos todos os **tabelionatos** e **ofícios**? Realmente, são muitos, mas há ainda outros tabelionatos e ofícios além dos já vistos neste livro – menos presentes na vida diária, mas que não podem ser esquecidos.

Portanto, devemos conhecê-los em suas **principais atribuições**.

6.5.1 Ofícios de Registros de Distribuição

Nas palavras de Pastura (2010), são os "serviços extrajudiciais de organização técnica e administrativa destinados a dar publicidade, autenticidade e fé pública aos feitos ajuizados e distribuídos ao Poder Judiciário", isto é, os processos que serão distribuídos. Conforme o art. 13 da Lei dos Cartórios, cabe-lhes com exclusividade:

> Art. 13 [...]
> I. quando previamente exigida, proceder à distribuição equitativa pelos serviços da mesma natureza, registrando os atos praticados; em caso contrário, registrar as comunicações recebidas dos órgãos e serviços competentes;
> II. efetuar as averbações e os cancelamentos de sua competência;
> III. expedir certidões de atos e documentos que constem de seus registros e papéis. (Brasil, 1994)

A distribuição dos processos judiciais tem por objeto a partilha numérica dos trabalhos. Os critérios são estabelecidos nas leis de organização judiciária de cada estado, conforme visto nesta obra, não sendo permitido às partes escolher juízos para solução dos litígios em que estão envolvidos.

6.5.2 Tabelionatos e ofícios de Registro de Contratos Marítimos

Os **tabeliães e oficiais de Registro de Contratos Marítimos** são responsáveis pelos atos descritos no art. 10 da Lei dos Cartórios:

> Art. 10 [...]
> I. lavrar os atos, contratos e instrumentos relativos a transações de embarcações a que as partes devam ou queiram dar forma legal de escritura pública;
> II. registrar os documentos da mesma natureza;
> III. reconhecer firmas em documentos destinados a fins de direito marítimo;
> IV. expedir traslados e certidões. (Brasil, 1994)

Trata-se, como vemos, de tabelionato que executa atos da prática comum (reconhecimento de firma, expedição de certidões, registro de documentos). No entanto, está adstrito a uma esfera específica de atuação, relativa ao direito marítimo ou à transação de embarcações, por meio de aquisição onerosa ou doação, caso se queira dar a forma legal de escritura pública.

Ainda que acumule a função tanto de tabelionato quanto de ofício de registro, por ser muito específico, não há demanda em todo o território nacional e, por isso, é encontrado em apenas algumas unidades da Federação.

Síntese

Estudamos, neste último capítulo, os ofícios de registro. A competência dos ofícios de registro é algo a se notar, pois é absoluta, de modo que cada pessoa ou bem registrado tem um único ofício no qual é registrado e no qual são averbadas alterações. Ainda que se altere no decorrer do tempo, pelo acréscimo ou pela diminuição do número de serventias, todos os dados serão transladados e permanecerá sendo único o ofício competente para a pessoa ou bem.

Questões para revisão

1) Sobre os princípios do registro de imóveis, assinale a alternativa correta:
   a. O Princípio da Realidade exige que o registrador, pessoalmente ou por meio de preposto, verifique se o bem imóvel, alienado ou dado em garantia real, existe no terreno.
   b. O Princípio da Concentração estabelece que todo e qualquer fato ou ato jurídico concernente à propriedade imobiliária, ou às pessoas nele interessadas, deve estar registrado na respectiva matrícula, que é única.
   c. O Princípio da Obrigatoriedade do Registro diz que todo e qualquer ato entre vivos relativo à propriedade imobiliária, para revestir-se de eficácia, deve ser registrado no tabelionato de notas da região.
   d. O Princípio da Disponibilidade traz a obrigação de que o registrador disponha de seu tempo efetivo no atendimento dos interessados.
   e. O Princípio da Unitariedade traz a exigência de duas matrículas para cada imóvel na circunscrição imobiliária da qual faz parte.

2) Quais das competências a seguir pertence ao Ofício de Registro de Títulos e Documentos e Registro Civil das Pessoas Jurídicas?

I. Garantir, por meio do registro, o direito à propriedade, bem como outros direitos referentes a imóveis. Os registros são públicos e, portanto, oponíveis contra qualquer pessoa que pretenda prejudicar esses direitos.

II. Registrar os livros contábeis, ato mais conhecido como *autenticação de livros*.

III. Registrar sociedades de pequeno porte, especialmente aquelas cujo objetivo esteja relacionado às áreas científica, literária ou artística e as que exerçam profissão intelectual.

IV. Expedir certidões dos imóveis.

É correto apenas o que consta em:

a. III.
b. I e IV.
c. I, I e III.
d. II e III.
e. II.

3) No Cartório de Registro de Imóveis, o oficial executa essencialmente duas espécies de atos: registro e averbação. Nos casos a seguir, assinale se cada situação é de registro (R) ou averbação (A).

( ) Cessão de direitos.
( ) Atualização de endereço.
( ) Arrematação (judicial ou extrajudicial).
( ) Adjudicação simples ou compulsória.

Assinale a alternativa que apresenta a sequência correta:

a. R, A, R, R.
b. A, A, R, R.
c. A, R, A, A.
d. R, R, R, R.
e. A, R, A, R.

4) O Ofício de Registro de Títulos e Documentos e Civis das Pessoas Jurídicas pode registrar qualquer contrato que os particulares levem a registro?

5) Cada serventia tem as próprias atribuições, definidas de acordo com as leis. Se você pretende emitir uma notificação extrajudicial a uma pessoa, a qual serventia você deve se dirigir?

Questões para reflexão

1) Ao tratarmos de atos de averbação, tratamos do **habite-se**. Quais são os requisitos para que ele seja concedido?

2) O Registro de Contratos Marítimos acumula as designações de tabelionato e de ofícios de registro, a única espécie de serventia que o faz. Por que razão isso acontece?

Para saber mais

Caso tenha se interessado ou ficado curioso quanto ao Registro de Contratos Marítimos, por suas peculiaridades, você pode se aprofundar no tema. Há uma lei própria para disciplinar o registro da propriedade marítima, os direitos reais e demais ônus sobre embarcações e o registro de armador: a Lei n. 7.652, de 3 de fevereiro de 1988. Acesse-a para conhecer sua regulamentação.

BRASIL. Lei n. 7.652, de 3 de fevereiro de 1988. **Diário Oficial da União**, Poder Legislativo, Brasília, DF, 5 fev. 1988. Disponível em: <https://www.planalto.gov.br/ccivil_03/Leis/L7652.htm>. Acesso em: 12 jun. 2017.

Estudo de caso

Temos a seguinte **situação**: Maurício era proprietário de um terreno de duas frentes no bairro Balneário Praia do Pernambuco, em Guarujá (São Paulo). Uma incorporadora fez a ele uma proposta de permuta, na qual Maurício cederia o terreno e, em troca, receberia sete dos 20 apartamentos que seriam construídos pela incorporadora no local. Após estudar a proposta por algumas semanas, Maurício a aceitou.

Pouco mais de um ano depois, os apartamentos já estavam prontos, e a incorporadora pediu para Maurício escolher os seus sete apartamentos e registrá-los em seu nome. Maurício, no entanto, iria doar dois apartamentos para cada uma de suas três filhas, ficando com apenas um deles para si. Para economizar em tributos e em custos de registro, ele propôs à incorporadora a transferência dos apartamentos diretamente da incorporadora para suas filhas, sem passar por ele.

Em outros termos, em vez de registrar alguns apartamentos assim:

» Incorporadora → Maurício → Filhas

Maurício quer que seja assim:

» Incorporadora → Filhas

Maurício, sabendo que você estudou sobre o assunto, pergunta: "Posso fazer assim?"

O que você diz a Maurício?

Desenvolvimento:

Não é possível fazer dessa maneira, pois seria **ilícito**. Fazer o que Maurício quer feriria o Princípio da Continuidade e, ainda, configuraria fraude: se o fato é que Maurício recebeu um apartamento e o doou a uma filha, é isso o que deve constar na matrícula de cada apartamento no Ofício de Registro de Imóveis, e não como se a filha estivesse recebendo um apartamento da incorporadora. Em termos de consequência, a infração implicaria, no mínimo, uma multa tributária.

para concluir...

Procuramos, nesta obra, trazer os conhecimentos obtidos na prática da serventia, com decisões dos tribunais superiores e, claro, na própria legislação, uma vez que a atividade dos notários e dos registradores deve se pautar naquilo que a lei permite ou ordena.

Analisamos juntos, essencialmente:

» o **histórico dos serviços extrajudiciais** e suas contribuições para a sociedade;

» quem são os **notários** e os **registradores** e como são selecionados atualmente, segundo a Constituição Federal, descobrindo o que são a delegação, a serventia, os emolumentos, entre outros;

» quem são os **prepostos** e os **auxiliares** das serventias e quais as suas **responsabilidades**;

» a **modernização das serventias**, pois a maioria delas utiliza meios informáticos em sua atividade;

» as **competências** e as **atribuições** de cada serventia (ofícios de registro e tabelionatos) de acordo com a lei brasileira;

» algumas das **atividades** realizadas pelas serventias;

» os **princípios** que orientam a atividade dos notários, registradores e seus prepostos;

» os **fundamentos** da atividade dos notários e registradores, com suas possibilidades e seus deveres.

Finalizando a presente obra, passamos a tecer algumas considerações que julgamos pertinentes sobre sua aplicação. Acreditamos que, neste trabalho, pudemos traçar a história dos serviços extrajudiciais, desde a antiga civilização da Suméria até os nossos dias. Em todo esse tempo, o trabalho dos notários e registradores não perdeu sua importância; pelo contrário: seu papel se realça, ganhando novos contornos e até novas funções, como dois institutos mais recentes aqui mencionados: a usucapião extrajudicial e a apostila de Haia.

O trabalho de um titular dos serviços extrajudiciais – tabelião ou oficial de registro – é complexo. Passar em um concurso público, como é exigido desde 1988, é apenas um dos primeiros passos para uma carreira de muito suor, mas também de muitos prazeres. Seus prepostos, pessoas contratadas para prestar os serviços nos tabelionatos e ofícios de cada localidade, compartilham da carga positiva desse trabalho.

Nesse ponto, é de se realçar que os requisitos para a delegação de serventias são severos – e assim devem ser –, pois se trata de serviço público de alta relevância. O trabalho muitas vezes não se resume ao titular, mas também a funcionários que aquele deve contratar para dar conta da demanda, cuja contratação e gestão fica sob sua inteira responsabilidade, sem ingerência do Estado nessa parte.

Para garantir o melhor trabalho de trazer a paz social, as serventias se aperfeiçoam pelo uso adequado da tecnologia. Trouxemos à discussão a certificação digital, explicando um pouco dos seus mecanismos, e incitamos você à reflexão sobre os sistemas que podem auxiliar os notários e os registradores no desenvolvimento de um trabalho eficiente e seguro. Embora não seja obrigatório o uso da tecnologia, é certo que a modernização traz benefícios que não podem ser olvidados pelas serventias.

Mostramos também que o trabalho de gerir as serventias deve ser um foco diário do agente delegado, pois elas devem se manter com as próprias receitas geradas pelo negócio, arcando com os custos e as despesas. Ainda que possa contar com profissionais contratados, seja como empregados, seja como prestadores de serviço – como gerente geral ou financeiro, contabilista ou consultor tributário –, a responsabilidade final pela qualidade e pela sustentabilidade da serventia é, em última análise, do agente delegado, o tabelião ou o oficial de registro.

Por fim, conhecendo os diferentes serviços extrajudiciais e as atribuições de cada serventia, o profissional estará apto a reconhecer especificidades das tarefas que lhe dizem respeito e a orientar todo aquele que o procurar em busca de auxílio. Com base nos deveres e princípios da atividade, o profissional poderá se dedicar com mais foco ao seu trabalho, agindo com ética e responsabilidade onde quer que esteja inserido.

referências

ALEXY, R. **Teoria de los derechos fundamentales**. Madrid: Centro de Estudios Políticos y Constitucionales, 2002.

ALMEIDA, W. C. de. **Direito imobiliário**. Rio de Janeiro: Campus/ Elsevier, 2008. (Coleção Direito Ponto a Ponto).

ANOREG-BR – Associação dos Notários e Registradores do Brasil (Org.). **Cartórios**: da pena à era digital – a atividade notarial e registral no século XXI. Curitiba: Centro de Comunicação, 2013. Disponível em: <http://www.youblisher.com/p/824376-Cartorios-dapena-a-era-digital>. Acesso em: 12 jun. 2017.

AZYNDAR, S. **French Notaries**: History, Function, and Resources – School of Law of University of Washington. Disponível em: <http://lib.law.washington.edu/collect/Notaires.pdf>. Acesso em: 12 jun. 2017.

BALBINO FILHO, N. **Direito imobiliário registral**. São Paulo: Saraiva, 2001.

BALMORI-PADESCA, A. L. **O notariado nas ordenações afonsinas**: contributo para o seu estudo. Disponível em: <http://www.notarios.pt/NR/rdonlyres/11BE742A-FDDF-484D-8949-D03DB6362C50/52/EstudoDraAnaLuísaBalmori.pdf>. Acesso em: 12 jun. 2017.

BASCH, M. A. **En el aniversario del descubrimiento de la Cueva de Altamira**. Alicante: Biblioteca Virtual Miguel de Cervantes, 2007. Disponível em: <http://www.cervantesvirtual.com/descargaPdf/en-el-aniversario-del-descubrimiento-de-la-cueva-de-altamira-0/>. Acesso em: 12 jun. 2017.

BÍBLIA. Português. **Bíblia Sagrada**. Edição contemporânea Almeida. São Paulo: Vida, 1996.

BOBBIO, N. **A era dos direitos**. Rio de Janeiro: Campus/Elsevier, 2004.

BRANDELLI, L. **Teoria geral do direito notarial**. 3. ed. São Paulo: Saraiva, 2009.

BRASIL. Conselho Nacional de Justiça. Provimento n. 18, de 28 de agosto de 2012. **Diário da Justiça Eletrônico**, Brasília, DF, 29 ago. 2012. Disponível em: <http://www.cnj.jus.br///images/atos_normativos/provimento/provimento_18_28082012_17092014165430.pdf>. Acesso em: 12 jun. 2017.

_____. Resolução n. 175, de 14 de maio de 2013. Relator: Ministro Joaquim Barbosa. **Diário da Justiça Eletrônico**, Brasília, DF, 15 maio 2013a. Disponível em: <http://www.cnj.jus.br/images/resol_gp_175_2013.pdf>. Acesso em: 12 jun. 2017.

BRASIL. Constituição (1988). **Diário Oficial da União**, Brasília, DF, 5 out. 1988. Disponível em: <http://www.planalto.gov.br/ccivil_03/Constituicao/Constituicao.htm>. Acesso em: 12 jun. 2017.

_____. Emenda Constitucional n. 66, de 13 de julho de 2010. **Diário Oficial da União**, Poder Legislativo, Brasília, DF, 14 jul. 2010. Disponível em: <http://www.planalto.gov.br/ccivil_03/Constituicao/Emendas/Emc/emc66.htm>. Acesso em: 12 jun. 2017.

BRASIL. Decreto n. 1.800, de 30 de janeiro de 1996. **Diário Oficial da União**, Poder Executivo, Brasília, DF, 31 jan. 1996. Disponível em: <https://www.planalto.gov.br/ccivil_03/decreto/d1800.htm>. Acesso em: 12 jun. 2017.

_____. Decreto-Lei n. 857, de 11 de setembro de 1969. **Diário Oficial da União**, Poder Executivo, Brasília, DF, 12 set. 1969. Disponível em: <https://www.planalto.gov.br/ccivil_03/decreto-lei/Del0857.htm>. Acesso em: 12 jun. 2017.

_____. Lei n. 6.015, de 31 de dezembro de 1973. **Diário Oficial da União**, Poder Legislativo, Brasília, DF, 31 dez. 1973. Disponível em: <http://www.planalto.gov.br/ccivil_03/leis/L6015original.htm>. Acesso em: 12 jun. 2017.

BRASIL. Lei n. 6.830, de 22 de setembro de 1980. **Diário Oficial da União**, Poder Legislativo, Brasília, DF, 24 set. 1980. Disponível em: <http://www.planalto.gov.br/ccivil_03/leis/L6830.htm>. Acesso em: 12 jun. 2017.

_____. Lei n. 8.935, de 18 de novembro de 1994. **Diário Oficial da União**, Poder Legislativo, Brasília, DF, 21 nov. 1994. Disponível em: <https://www.planalto.gov.br/ccivil_03/Leis/L8935.htm>. Acesso em: 12 jun. 2017.

_____. Lei n. 9.096, de 19 de setembro de 1995. **Diário Oficial da União**, Poder Legislativo, Brasília, DF, 20 set. 1995. Disponível em: <https://www.planalto.gov.br/ccivil_03/Leis/L9096.htm>. Acesso em: 12 jun. 2017.

_____. Lei n. 9.492, de 10 de setembro de 1997. **Diário Oficial da União**, Poder Legislativo, Brasília, DF, 11 set. 1997. Disponível em: <http://www.planalto.gov.br/ccivil_03/leis/L9492.htm>. Acesso em: 12 jun. 2017.

_____. Lei n. 10.169, de 29 de dezembro de 2000. **Diário Oficial da União**, Poder Legislativo, Brasília, DF, 30 dez. 2000. Disponível em: <http://www.planalto.gov.br/ccivil_03/Leis/L10169.htm>. Acesso em: 12 jun. 2017.

_____. Lei n. 10.406, de 10 de janeiro de 2002. **Diário Oficial da União**, Poder Legislativo, Brasília, DF, 11 jan. 2002. Disponível em: <http://www.planalto.gov.br/ccivil_03/LEIS/2002/L10406.htm>. Acesso em: 12 jun. 2017.

_____. Lei n. 11. 441, de 4 de janeiro de 2007. Diário Oficial da União, Poder Legislativo, Brasília, DF, 5 jan. 2007a. Disponível em: <http://www.planalto.gov.br/ccivil_03/_ato2007-2010/2007/lei/l11441.htm>. Acesso em: 12 jun. 2017.

_____. Lei n. 13.105, de 16 de março de 2015. **Diário Oficial da União**, Poder Legislativo, Brasília, DF, 17 mar. 2015a. Disponível em: <http://www.planalto.gov.br/ccivil_03/_ato2015-2018/2015/lei/l13105.htm>. Acesso em: 12 jun. 2017.

BRASIL. Medida provisória n. 2.200-2, de 24 de agosto de 2001. **Diário Oficial da União**, Poder Legislativo, Brasília, DF, 27 ago. 2001. Disponível em: <http://www.planalto.gov.br/Ccivil_03/MPV/Antigas_2001/2200-2.htm>. Acesso em: 12 jun. 2017.

BRASIL. Ministério da Previdência Social. **Procuração.** 17 abr. 2013b. Disponível em: <http://www.previdencia.gov.br/servicos-ao-cidadao/informacoes-gerais/procuracao>. Acesso em: 12 jun. 2017.

BRASIL. Superior Tribunal de Justiça. Agravo em recurso especial n. 569435 PR 2014/0213290-3. Relatora: ministra Assusete Magalhães. **Diário da Justiça**, Brasília, DF, 1º jul. 2015b. Disponível em: <https://stj.jusbrasil.com.br/jurisprudencia/204240935/agravo-em-recurso-especial-aresp-569435-pr-2014-0213290-3>. Acesso em: 12 jun. 2017.

_____. Recurso especial n. 1036656 SP 2008/0047488-2. Relatora: ministra Eliana Calmon. **Diário da Justiça**, Brasília, DF, 6 abr. 2009a. Disponível em: <https://stj.jusbrasil.com.br/jurisprudencia/8636734/embargos-de-declaracao-no-recurso-especial-edcl-no-resp-1036656-sp-2008-0047488-2-stj>. Acesso em: 12 jun. 2017.

_____. Recurso especial n. 1076914 SE 2008/0166679-0. Relator: ministro Luiz Fux. **Diário da Justiça**, Brasília, DF, 22 abr. 2009b. Disponível em: <https://stj.jusbrasil.com.br/jurisprudencia/4106006/recurso-especial-resp-1076914>. Acesso em: 12 jun. 2017.

_____. Recurso ordinário em mandado de segurança n. 22.635 MS 2006/0191413-3. Relatora: ministra Denise Arruda. **Diário da Justiça**, Brasília, DF, 24 ago. 2009c. Disponível em: <https://stj.jusbrasil.com.br/jurisprudencia/6061504/recurso-ordinario-em-mandado-de-seguranca-rms-22635-ms-2006-0191413-3/inteiro-teor-12194808#>. Acesso em: 12 jun. 2017.

_____. Recurso ordinário em mandado de segurança RMS 18498 MG 2004/0087011-1. Relatora: ministra Eliana Calmon. Brasília, 6 mar. 2007b. Disponível em: <https://stj.jusbrasil.com.br/jurisprudencia/8952541/recurso-ordinario-em-mandado-de-seguranca-rms-18498-mg-2004-0087011-1/inteiro-teor-14121954?ref=juris-tabs>. Acesso em: 12 jun. 2017.

_____. Súmula n. 84, de 18 de junho de 1993. **Diário da Justiça**, Brasília, DF, 2 jul. 1993. Disponível em: <http://www.stj.jus.br/docs_internet/SumulasSTJ.pdf>. Acesso em: 12 jun. 2017.

BRASIL. Supremo Tribunal Federal. Agravo de instrumento n. 754421 RS. Relatora: ministra Cármen Lúcia. **Diário da Justiça**, Brasília, DF, 7 jun. 2011a. Disponível em: <https://stf.jusbrasil.com.br/jurisprudencia/22938359/agravo-de-instrumento-ai-754421-rs-stf>. Acesso em: 12 jun. 2017.

_____. Agravo regimental em recurso extraordinário n. 209.354 – PR. Relator: ministro Carlos Velloso. **Diário da Justiça**, Brasília, DF, 16 abr. 1999.

_____. Agravo regimental em recurso extraordinário n. 518.894. Relator: ministro Ayres Britto. **Diário da Justiça**, Brasília, DF, 23 set. 2011b.

BRASIL. Tribunal Superior do Trabalho. Recurso de Revista 66240- 21.2001.5.10.0102. Relator: ministro Renato de Lacerda Paiva. **Diário da Justiça**, Brasília, DF, 20 mar. 2009d.

CARTÓRIO GODOY. Primeiro Ofício de Notas e Registro Civil de Porto Velho/RO. **Autenticação.** Disponível em: <http://www.cartoriogodoy.com.br/autent.html>. Acesso em: 12 jun. 2017a.

_____. **Quem somos**. Disponível em: <http://www.cartoriogodoy.com.br/equipe.html>. Acesso em: 12 jun. 2017b.

CARVALHO, A. de. **Registro de imóveis**. 4. ed. rev. e atual. Rio de Janeiro: Forense, 1998.

CARVALHO FILHO, A. B. Diferença entre cartório e tabelionato. **Tabelionato.com**. Disponível em: <http://www.tabelionato.com/index.php/destaques-internas/62-df2>. Acesso em: 12 jun. 2017.

CARVALHO FILHO, J. dos S. **Manual de direito administrativo**. 24. ed. rev., ampl. e atual. 4. ed. rev. e atual. Rio de Janeiro: Lumen Juris, 2011.

CEARÁ. Tribunal de Justiça do Estado do Ceará. **Cartório é condenado a indenizar por lavrar escritura falsa de terreno na Aldeota**. 20 nov. 2013. Disponível em: <http://www.tjce.jus.br/noticias/cartorio-e-condenado-a-indenizar-por-lavrar-escritura-falsa-de-terreno-na-aldeota>. Acesso em: 12 jun. 2017.

CENEVIVA, W. **Lei dos notários e dos registradores comentada**. 9. ed. São Paulo: Saraiva, 2014.

CENEVIVA, W. **Lei dos registros públicos comentada**. São Paulo: Saraiva, 2011.

CHAUI, M. **Convite à filosofia**. 13. ed. São Paulo: Ática, 2008.

CNB/SP–Colégio Notarial do Brasil. Seção São Paulo. **Tabelionato de Notas**. Tabela Tabelionato de Notas. 8 jan. 2015. Disponível em: <http://www.cnbsp.org.br/__Documentos/Upload_Conteudo/arquivos/Tabela_Custas/cnb_tabela_2015_a4_0.pdf>. Acesso em: 12 jun. 2017.

COELHO, L. F. **Teoria crítica do direito**. 3. ed. rev., atual. e ampl. Belo Horizonte: Del Rey, 2003.

COMASSETTO, M. S. **A função notarial como forma de prevenção de litígios**. Porto Alegre: Norton, 2002.

COM CRIMES virtuais, atas notariais "sobem". **Bem Paraná**, Tecnologia, 26 jun. 2015. Disponível em: <http://www.bemparana.com.br/noticia/392643/com-crimes-virtuais-atas-notariais-sobem>. Acesso em: 12 jun. 2017.

CONFIRA O VALOR da ata notarial nos Estados. **Migalhas**, 9 jul. 2015. Disponível em: <http://www.migalhas.com.br/Quentes/17,MI217128,21048-Confira+o+valor+da+ata+notarial+nos+Estados>. Acesso em: 12 jun. 2017.

COSTA, E. P. da. **Direito administrativo II**: organização da administração, responsabilidade civil do Estado, agentes públicos e controle da administração. São Paulo: Saraiva, 2012. (Coleção Saberes do Direito, v. 32).

COSTA, J. C. da; PEREIRA, V. W. (Org.). **Linguagem e cognição**: relações interdisciplinares. Porto Alegre: EdiPUCRS, 2009.

CRECI-SP – Conselho Regional de Corretores de Imóveis de São Paulo. **Registro de imóveis**. Disponível em: <http://www.crecisp.gov.br/documentos/modelos/registro_imoveis.doc>. Acesso em: 12 jun. 2017.

DF É UNIDADE que menos onera jurisdicionado com custas judiciais. **Migalhas**, 27 jul. 2015. Disponível em: <http://www.migalhas.com.br/Quentes/17,MI223980,81042-DF+e+unidade+que+menos+onera+jurisdicionado+com+custas+judiciais>. Acesso em: 12 jun. 2017.

DIDIER JUNIOR, F.; BRAGA, P. S.; OLIVEIRA, R. A. de. **Curso de direito processual civil**: Teoria da prova, direito probatório, decisão, precedente, coisa julgada e tutela provisória. 10. ed. Salvador: Jus Podivm, 2015. v. 2.

DISTRITO FEDERAL. Poder Judiciário. Tribunal de Justiça do Distrito Federal e dos Territórios. **O cartório de registro civil das pessoas naturais**. Brasília, DF: Corregedoria da Justiça do Distrito Federal e dos Territórios, 2014. (Série Conversando sobre Cartórios Extrajudiciais). Disponível em: <http://www.tjdft.jus.br/publicacoes/manuais-e-cartilhas/cartilha-de-cartorios-extrajudiciais/o-cartorio-de-registro-civil-das-pessoas-naturais>. Acesso em: 12 jun. 2017.

GARCÍA GUINEA, M. A. **Altamira y el arte prehistórico de las cuevas de Santander**. Madrid: Raycar, 1975.

GOMES, S. A. O notariado medieval português: algumas notas de investigação. **Humanitas**, v. 52, 2000. Disponível em: <http://www.uc.pt/fluc/eclassicos/publicacoes/ficheiros/humanitas52/10_Gomes.pdf>. Acesso em: 12 jun. 2017.

HAMDANI, A. **Suméria, a primeira grande civilização**. Rio de Janeiro: Ferni, 1978.

HIGOUNET, C. **História concisa da escrita**. São Paulo: Parábola, 2003.

IRIB – Instituto de Registro Imobiliário do Brasil. **Irib pesquisa sobre o grau de informatização dos cartórios de registro de imóveis**. 18 mar. 2015. Disponível em: <http://www.irib.org.br/html/noticias/noticia-detalhe.php?not=4609>. Acesso em: 12 jun. 2017.

KNOPLOCK, G. M. **Manual de direito administrativo**: teoria, doutrina e jurisprudência. 7. ed. Rio de Janeiro: Elsevier, 2013. (Série Provas e Concursos).

LÉVY, P. **As tecnologias da inteligência**: o futuro do pensamento na era da informática. Rio de Janeiro: 34, 1993.

LIMA, F. H. V. de. **Direito imobiliário registral na perspectiva civil-constitucional**. Porto Alegre: Sergio Antonio Fabris, 2004.

LIMA, R. M. G. de. **Requisitos para a concessão de gratuidade de emolumentos e outros encargos**. Disponível em: <http://www.recivil.com.br/documentos/Artigo%20do%20desembargador%20Sergio%20Medeiros.pdf>. Acesso em: 12 jun. 2017.

LISBOA, R. S. **Manual de direito civil**: direito de família e das sucessões. 3. ed. rev., atual. e ampl. São Paulo: RT, 2004. v. 5.

MACHADO, A. A. M.; AMARAL, S. T. O serviço notarial como função social do estado. **Etic**, v. 4, n. 4, 2008. Disponível em: <http://intertemas.unitoledo.br/revista/index.php/ETIC/article/viewFile/1615/1539>. Acesso em: 12 jun. 2017.

MAGALHÃES, M. L. P. **A escrita nos telefones móveis**: uma análise à luz da abordagem sociointeracionista da linguagem. 114 f. Dissertação (Mestrado em Letras – Estudos da linguagem). Universidade Federal do Amazonas, Manaus, 2015. Disponível em: <http://tede.ufam.edu.br/bitstream/tede/4008/5/Disserta%C3%A7%C3%A3o%20-Mayara%20Let%C3%ADcia%20Paiva%20Magalh%C3%A3es.pdf>. Acesso em: 12 jun. 2017.

MARTINS, C. **Teoria e prática dos atos notariais**. Rio de Janeiro: Forense, 1979.

MATO GROSSO. Tribunal de Justiça do Estado do Mato Grosso. Corregedoria-Geral da Justiça. **Consolidação das Normas Gerais da Corregedoria-Geral da Justiça – foro extrajudicial**. 2. ed. Cuiabá: TJMT, 2016. Disponível em: <http://corregedoria.tjmt.jus.br/arquivo/3e0aed37-9157-4b3a-98f6-30116681ad5e/cngc-extrajudicial-pdf>. Acesso em: 12 jun. 2017.

MCRANEY, D. **Você não é tão esperto quanto pensa**. Tradução de Marcelo Barbão. São Paulo: Leya, 2012.

MELO JÚNIOR, R. M. de. **A instituição notarial no direito comparado e no direito brasileiro**. Fortaleza: Casa José de Alencar; UFC, 1998.

MISQUIATI, D. F. A função do notário. **Conselho Federal do Colégio Notarial do Brasil**, 2 dez. 2015. Disponível em: <http://www.notariado.org.br/index.php?pG=X19leGliZV9ub3RpY2lhcw==&in=NjY3OA==>. Acesso em: 12 jun. 2017.

MOTTA, S. **Direito constitucional**: teoria, jurisprudência e questões. 24. ed. rev. e ampl. Rio de Janeiro: Campus/Elsevier, 2013. (Série Provas e Concursos).

MUNDO NOTARIAL. **Origem institucional e científica do notariado**. 2002. Disponível em: <http://mundonotarial.org/incie.html>. Acesso em: 12 jun. 2017.

NEGROPONTE, N. **A vida digital**. São Paulo: Companhia das Letras, 2005.

OLIVEIRA, R. R. **Criptografia simétrica e assimétrica**: os principais algoritmos de cifragem. Disponível em: <https://www.academia.edu/11560690/Criptografia_sim%C3%A9trica_e_assim%C3%A9trica_os_principais_algoritmos_de_cifragem>. Acesso em: 12 jun. 2017.

ORDEM DOS NOTÁRIOS PORTUGAL. Notícias. **Notário electrónico**: o notário do século XXI, n. 1, jan. 2007. Disponível em: <http://www.notarios.pt/NR/rdonlyres/C474460E-8D3B-4620-8860-E776913BBD6F/0/RON_janeiro07.pdf>. Acesso em: 12 jun. 2017.

PARANÁ. Tribunal de Justiça do Estado do Paraná. **Foro extrajudicial**: serviços eletrônicos. 24 nov. 2015. Disponível: <https://www.tjpr.jus.br/foro-extrajudicial>. Acesso em: 12 jun. 2017.

PARIZATTO, J. R. **Serviços notariais e de registros**. Brasília: Brasília Jurídica, 1995.

PASTURA, M. R. A. Cartórios extrajudiciais. **Revista Jus Navigandi**, Teresina, ano 15, n. 2617, 31 ago. 2010. Disponível em: <http://jus.com.br/artigos/17307>. Acesso em: 12 jun. 2017.

REGISTRO DE IMÓVEL no Brasil custa 38% menos do que em países desenvolvidos. **Migalhas**, 15 ago. 2015. Disponível em: <http://www.migalhas.com.br/Quentes/17,MI225261,11049-Registro+de+imovel+no+Brasil+custa+38+menos+do+que+em+paises>. Acesso em: 12 jun. 2017.

RIBEIRO, G. **Como funciona o certificado digital**. Disponível em: <http://www.contabilestoril.com.br/pdf/certificadodigital.pdf>. Acesso em: 12 jun. 2017.

RIO GRANDE DO SUL. Tribunal de Justiça do Estado do Rio Grande do Sul. Corregedoria-Geral da Justiça. **Consolidação normativa notarial e registral**. Porto Alegre: Departamento de Artes Gráficas TJRS, 2015. Disponível em: <http://www.tjrs.jus.br/export/legislacao/estadual/doc/CNNR_CGJ_Setembro_2015_Provimento_039_2015.pdf>. Acesso em: 12 jun. 2017.

RODRIGUES, F. L. Da impossibilidade de expedição de certidão (por simples requerimento) de testamento público. **Colégio Notarial do Brasil – Conselho Federal**, Brasília, DF. Disponível em: <http://www.notariado.org.br/docs/art_flr_01.pdf>. Acesso em: 12 jun. 2017.

SANTA CATARINA. **Regimento de custas e emolumentos do Estado de Santa Catarina**. Florianópolis, 1º dez. 2015. Disponível em: <http://cgj.tjsc.jus.br/consultas/liberada/regcustas_emolumentos.pdf>. Acesso em: 12 jun. 2017.

SERGIPE. Tribunal de Justiça do Estado de Sergipe. **Tabela de custas e emolumentos**. Disponível em: <http://www.tjse.jus.br/portal/servicos/judiciais/cartorios/tabela-de-custas-e-emolumentos>. Acesso em: 12 jun. 2017.

SMITHSONIAN. **Encyclopedia**. Disponível em: <http://www.si.edu/Encyclopedia>. Acesso em: 12 jun. 2017.

SOUZA, C. F. de. **A função notarial na realidade jurídica brasileira**. 27 f. Trabalho de conclusão de curso (Especialização) – Escola da Magistratura do Estado do Rio de Janeiro, Rio de Janeiro, 2013. Disponível em: <http://www.emerj.tjrj.jus.br/paginas/trabalhos_conclusao/1semestre2013/trabalhos_12013/CarlaFariaSouza.pdf>. Acesso em: 12 jun. 2017.

TELLEGEN-COUPERUS, O. **A Short History of Roman Law**. New York: Routledge, 1993.

THOMPSON, H. Os enigmáticos etruscos. **História Viva**, 28 jun. 2012. Disponível em: <https://historianovest.blogspot.com.br/2012/06/os-enigmaticos-etruscos.html?m=1>. Acesso em: 12 jun. 2017.

TJ/RS – OFICIAL DE registro civil é condenado a indenizar por danos morais a homem que perdeu o velório do pai. **Migalhas**, 10 jan. 2011. Disponível em: <http://www.migalhas.com.br/Quentes/17,MI124327,21048-TJRS+Oficial+de+Registro+Civil+e+condenado+a+indenizar+por+danos>. Acesso em: 12 jun. 2017.

UINL – Union Internationale du Notariat. **Les principes fondamentaux du notariat de type latin**. 8 nov. 2005. Disponível em <http://www.uinl.org/146/fundamental-principles-of-the-latin-type-notarial-system>. Acesso em: 12 jun. 2017.

UNITED NATIONS. Department of Economic and Social Affairs. **Population Division**: World Population Prospects, the 2015 Revision. Disponível em: <http://esa.un.org/unpd/wpp>. Acesso em: 12 jun. 2017.

VOLPI NETO, A. **Comércio eletrônico**: direito e segurança. Curitiba: Juruá, 2001.

WOLFFENBÜTTEL, M. C. **O protesto cambiário como atividade notarial**. São Paulo: Labor Juris, 2001.

respostas

Capítulo 1

Questões para revisão

1. c
2. e
3. b
4. O Brasil utiliza o notariado de modelo latino. Caracterizam esse modelo, conforme citado nesta obra:
    - O aconselhamento, que permite aos interessados serem orientados pelos notários.
    - A imparcialidade, pela qual o notário precisa se pautar no aconselhamento, buscando a melhor aplicação do direito, e não o interesse de uma das partes.
    - A independência, visto que o notário é delegatário de função pública e a exerce com autonomia responsável, mediante fiscalização do Poder Público, mas sem subordinação hierárquica aos seus órgãos.
    - Outra característica é que os documentos públicos produzidos por um notário do modelo latino gozam de presunção de legalidade e de exatidão quanto ao seu conteúdo, isto é, veracidade.
5. A afirmativa é **falsa**, conforme estudamos na história. A relevância das notas e dos registros foi ressaltada até mesmo por Aristóteles. Na sociedade grega, uma das mais desenvolvidas da Antiguidade e berço da democracia, existiam oficiais públicos cuja função era lavrar

os atos e os contratos dos particulares, os *mnemons*, assemelhando-se, assim, à função notarial e registral.

Questões para reflexão

1. A certificação digital, que se vale da criptografia para garantir a segurança dos dados que tramitam em meio eletrônico, é bastante segura – e tanto mais quanto maior o tamanho, em *bits*, da chave criptográfica. É difícil afirmar que algum dado ou sistema é completamente à prova de invasão, fraude ou alguma forma de ataque, mas o nível de segurança disponibilizado pela criptografia em documentos oferece a confiabilidade necessária para as operações em que é utilizada.
2. Pergunta aberta, para resposta com base na reflexão pessoal e no que foi tratado nos tópicos acerca do desenvolvimento da atividade em cada país ou, ainda, em pesquisas desenvolvidas por livros ou na internet.

Capítulo 2

Questões para revisão

1. b
2. e
3. d
4. Serviços notariais e de registro são os de organização técnica e administrativa destinados a garantir a publicidade, a autenticidade, a segurança e a eficácia dos atos jurídicos. Outras palavras são aceitas, desde que se ressalte, ao menos, que são serviços de organização para garantir os atributos de publicidade e segurança dos atos jurídicos praticados.
5. O notário, ou tabelião, e o oficial de registro, ou registrador, são profissionais do direito, dotados de fé pública, aos quais é delegado o exercício da atividade notarial e de registro.

Questões para reflexão

1. É um cuidado necessário, e justifica-se o rol de requisitos para delegação da atividade notarial e registral. Para as funções públicas em geral é exigido concurso público, quanto mais para uma em que o particular assume de forma tão ampla uma atividade de interesse público.
2. Pergunta aberta, com resposta livre. Recomendamos a consulta a *sites* ou livros de administração

ou específicos de recursos humanos, recrutamento e seleção. Sugerimos que a seleção de pessoal deve ser realizada por profissionais especializados em recursos humanos ou, ao menos, com muito esmero. As atividades das serventias dizem respeito a interesses públicos, e contratar pessoas para lidar com eles é uma atribuição de muita responsabilidade. Ainda que o dia a dia possa ser mais ameno em termos de serviço, são necessários treinamento e muita atenção a cada ato praticado. Todavia, depende de vários fatores, como a mão de obra disponível na região, os benefícios oferecidos pela serventia para atrair funcionários e as funções para a qual se deseja o profissional.

Capítulo 3

Questões para revisão

1. a
2. b
3. d
4. Conforme a Lei dos Emolumentos, art. 2º, inciso III, os atos específicos de cada serviço são classificados em dois tipos:
   - Atos relativos a situações jurídicas, sem conteúdo financeiro, cujos emolumentos atenderão às peculiaridades socioeconômicas de cada região.
   - Atos relativos a situações jurídicas, com conteúdo financeiro, cujos emolumentos serão fixados mediante a observância de faixas que estabeleçam valores mínimos e máximos, nas quais se enquadrará o valor constante do documento apresentado aos serviços notariais e de registro.
5. Conforme citado na obra, os emolumentos são despesas pagas pelos usuários dos serviços notariais e de registro para custear a atividade. Diferenciam-se das custas no sentido de que estas são praticadas para custear atos das escrivanias judiciais e secretarias em relação a processos judiciais.

Questões para reflexão

1. Há dois lados a considerar para responder à questão. Em defesa da unificação de valores em todo o país, podemos argumentar pela igualdade e pela isonomia entre todos. Por outro lado, a possibilidade de cada unidade

da Federação fixar sua tabela de emolumentos possibilita atender às particularidades de cada região.

2. Cada unidade da Federação tem autonomia para definir os valores a serem cobrados. Não havendo um diálogo nacional, não se pensam em critérios objetivos para obter certa uniformidade, e cada qual define o que considera mais adequado.

Capítulo 4

Questões para revisão

1. b
2. e
3. b
4. A resposta a ambas as perguntas é *sim*. O titular do serviço extrajudicial responde pessoalmente pelos atos que pratica e, também, pelos atos danosos praticados por seus prepostos. O Estado pode ser responsabilizado objetivamente por atos danosos cometidos por agentes delegados, com base na Constituição Federal.
5. Os serviços notariais e de registro são prestados de modo eficiente e adequado, em dias e horários estabelecidos pelo juízo competente, com atendimento ao público por, no mínimo, 6 horas diárias. Como complemento, lembramos que deverá ser em local de fácil acesso ao público e oferecer segurança para o arquivamento de livros e documentos.

Questões para reflexão

1. Pergunta aberta, com resposta livre, sugerindo-se consulta a livros ou *sites* sobre solução alternativa de conflitos. O exercício de direitos, tanto pela via judicial quanto pela via extrajudicial, pode ter custos, mas não é o único fator a ser levado em conta. Mesmo que um ato extrajudicial seja custoso – sendo necessário, por exemplo, realizar atas notariais ou escrituras públicas –, a prevenção e a solução de problemas pelas próprias partes, sem envolver o Poder Judiciário, pode ser mais benéfica em termos de rapidez e satisfação. São vários os princípios e os deveres que norteiam os notários e registradores, de modo que é garantida a lisura dos atos para bem preservar o interesse das partes.

2. O requisito legal é o bacharelado em Direito. Não é necessário ser bacharel em Administração; porém, para que tenha melhor proveito, recomendamos que o agente delegado ou tenha conhecimentos técnicos e práticos da administração ou que conte com um profissional que o auxilie nessa parte.

Capítulo 5

Questões para revisão

1. d
2. c
3. e
4. Qualquer pessoa que possa solicitar consulta aos órgãos de proteção ao crédito.
5. Sim, com a condição de que sejam acompanhados de tradução efetuada por tradutor público juramentado e que a dívida seja convertida em moeda nacional no momento da apresentação.

Questões para reflexão

1. O pacto antenupcial serve para que os noivos, antes de casarem, definam o regime de bens do casamento. Só deve ser realizado se os noivos optarem por regime de bens diferente do legal, a comunhão parcial de bens (art. 1.640 do Código Civil).
2. A utilização da informática nas serventias passa por sistemas conhecidos como ERPs (do inglês *Enterprise Resource Planning*, cuja tradução próxima é "planejamento corporativo de recursos"). Ferramentas parecidas são os sistemas de informações gerenciais (SIG) ou sistemas integrados de gestão empresarial (Sige), para organização e armazenamento seguro de informações. Eles podem ser criados ou adaptados especificamente para serventias, com especificações técnicas e de segurança que garantam o melhor proveito da tecnologia em favor da prestação de serviço eficiente e eficaz.

Capítulo 6

Questões para revisão

1. b
2. d
3. a
4. Não. Embora diversos documentos se enquadrem em suas amplas competências, no mínimo o tabelião deve analisar se cada ato a ser registrado está de acordo com

as exigências legais, conforme o Princípio da Legalidade. Assim, um contrato de compra e venda de órgão humano não poderia ser registrado, pois é um ato proibido em nosso ordenamento, conforme a Lei n. 9.434/1997.

5. Ao Ofício de Registro de Títulos e Documentos e Registro Civil das Pessoas Jurídicas.

Questões para reflexão

1. A resposta depende do **município**. Para responder, pesquise as exigências no Plano Diretor e outras normas do seu município ou outro de sua escolha. Para uma pesquisa mais profunda, verifique ainda as normas ambientais que devem ser seguidas, comumente estabelecidas por órgão regulamentador e fiscalizador no âmbito dos estados.
2. Esse acúmulo de funções se deve às particularidades do serviço que presta. Por ser altamente específico, não se justificaria dividir as atribuições de contratos marítimos em duas espécies de serventias. É também pela especialidade de suas tarefas que não existe em todos os estados.

sobre os autores

Cid Rocha Júnior é bacharel em Direito, titular do Tabelionato e Registro Civil Santa Quitéria (Curitiba/PR), com experiência intensa na área de serviços notariais e registrais por mais de 45 anos.

Antoine Youssef Kamel é bacharel em Direito pela UniBrasil e mestrando em Direito pelo Centro Universitário Internacional Uninter.

Os papéis utilizados neste livro, certificados por instituições ambientais competentes, são recicláveis, provenientes de fontes renováveis e, portanto, um meio responsável e natural de informação e conhecimento.

FSC
www.fsc.org
MISTO
Papel produzido
a partir de
fontes responsáveis
FSC® C103535

Impressão: Reproset
Setembro/2018